CONSERVATOIRE

NATIONAL

DE MUSIQUE

—

CATALOGUE DU MUSEE

LE MUSÉE

DU

CONSERVATOIRE NATIONAL

DE MUSIQUE

PARIS

TYPOGRAPHIE FIRMIN-DIDOT FRÈRES, FILS ET Cie

56, RUE JACOB, 56

LE MUSÉE

DU

CONSERVATOIRE NATIONAL

DE MUSIQUE

CATALOGUE RAISONNÉ

DES INSTRUMENTS DE CETTE COLLECTION

PAR

GUSTAVE CHOUQUET

CONSERVATEUR DU MUSÉE

PARIS

LIBRAIRIE FIRMIN-DIDOT FRÈRES, FILS ET Cie

56, RUE JACOB, 56

1875

La musique est un art auquel aucun peuple, même sauvage, ne se montre insensible et ne saurait par conséquent demeurer complétement étranger. Elle puise tous ses moyens d'expression et d'effet à ces trois sources inépuisables : la mélodie, le rhythme et l'harmonie. Tant qu'elle n'existe encore qu'à l'état rudimentaire, une mélodie sans développement lui suffit, scandée plutôt qu'accompagnée par des bruits réguliers ou des sons cadencés. Mais, quand elle ne se contente plus d'un chant monotone ou naïf, d'un refrain sur lequel on puisse marcher au pas ou danser en mesure ; quand elle devient concertante et qu'elle cherche à combiner des accords harmonieux, elle appelle alors à son secours les inventions les plus ingénieuses, et à la voix humaine elle ajoute peu à peu, pour la soutenir ou pour rivaliser avec elle, toutes sortes de voix artificielles.

Ainsi le chant vocal à une seule partie, les chœurs à l'unisson et les rhythmes simples représentent en musique la nature et l'enfance de l'art ; les instruments et l'harmonie sont le fruit du génie de l'homme et marquent les progrès de la civilisation.

On ne peut donc étudier l'histoire générale de la musique sans analyser les airs populaires de chaque contrée, sans chercher à se rendre compte des causes qui ont fait imaginer successivement les instruments à percussion, les instruments à vent et les instruments à cordes. Aussi dans un Conservatoire où l'on a souci non-seulement de former des virtuoses, mais encore d'inspirer aux jeunes gens studieux le goût d'une instruction étendue, a-t-on soin de placer, à côté de la Bibliothèque, un Musée d'instruments tant anciens que modernes. Nous croyons inutile de nommer ici les villes qui possèdent des collections de ce genre ; nous nous contenterons de rappeler que la Convention nationale, en promulguant la loi du 3 août 1795 (16 thermidor an III), qui organisait à Paris le *Conservatoire de musique,* décida qu'on doterait cet établissement d'une *Bibliothèque* « composée d'une collection complète des partitions et ouvrages relatifs à la musique, et d'une *collection d'instruments antiques ou étrangers et de ceux à nos usages qui peuvent par leur perfection servir de modèles* ».

Malheureusement cette École, installée dans l'hôtel des Menus-Plaisirs, s'y trouva, dès le principe, logée fort à l'étroit, et il en résulta que le beau programme qu'on vient de lire ne fut pas rigoureusement suivi. On fonda, il est vrai, une Bibliothèque qui renferma bientôt plusieurs fonds importants et qui est devenue maintenant l'une des plus complètes en ce genre que l'on puisse citer ; mais il s'écoula bien des années avant qu'il fût question de créer un Musée d'instruments de musique. Au mois de mars 1861, une circonstance favorable permit enfin au gouvernement de réaliser en partie le plan tracé par les législateurs de 1795 et d'enrichir le Conservatoire de nouveaux trésors artistiques. Un de nos compositeurs populaires, Louis Clapisson, avait rassemblé avec autant de goût que de patience 230 instruments et objets de haute curiosité qui formaient une précieuse collection d'amateur. Il vendit à l'État ces 230 pièces, qui aujourd'hui nous semblent intéressantes à double titre, et, comme on voulut lui épargner le chagrin de ne les plus avoir sous les yeux, on le nomma conservateur de ce naissant Musée, dont l'installation définitive et l'inauguration solennelle eurent lieu le 20 novembre 1864.

On ne comptait alors, dans les deux salles construites pour les recevoir, que les 230 numéros du cabinet de Louis Clapisson et les 123 pièces provenant de plusieurs de nos établissements publics ou de dons d'amateurs généreux, acceptés conformément aux instructions ministérielles du 27 juillet 1864. Pendant les dix-huit mois qui s'écoulèrent à partir de l'ouverture du Musée jusqu'au jour où Hector Berlioz fut nommé à la place de son collègue de l'Institut, mort si prématurément, dix-sept instruments furent offerts en présent; mais du 1ᵉʳ mai 1866 au 30 septembre 1871, date de la nomination du conservateur actuel, on n'en donna que dix, ce qui portait à 380 numéros le nombre des objets exposés à cette époque.

Depuis trois ans, le Musée a reçu des dons fréquents et d'une grande valeur. Il a fait, en outre, une acquisition considérable : au mois de décembre 1873, il est devenu possesseur de la belle collection de M. le docteur Julien Fau, si justement vantée par M. Viollet-le-Duc dans son *Dictionnaire raisonné du mobilier français*. Entre autres pièces rarissimes qu'on y remarque, il s'en trouve quinze provenant de la collection du comte Pietro Correr, héritier des Contarini. On sait que Simon Contarini, tour à tour ambassadeur de la république de Venise auprès du duc de Savoie, du roi d'Espagne Philippe II, du sultan Mahomet III, du pape Paul V et de l'empereur Ferdinand Iᵉʳ, se faisait accompagner dans ses ambassades par une bande de musiciens distingués. Les instruments choisis par ces virtuoses du seizième et du dix-septième siècle peuvent donc être considérés comme les plus beaux spécimens de la facture instrumentale à cette époque.

Après avoir rappelé comment s'est formé et rapidement accru le Musée du Conservatoire, il nous faut indiquer maintenant le plan et le but de ce Catalogue.

On peut classer les instruments de musique de différentes manières, selon qu'on les groupe au point de vue de l'art moderne, de la chronologie ou de l'ethnographie. Mais, soit qu'on les range d'après les pays, les temps ou les systèmes de facture et de tonalité auxquels ils appartiennent, il convient toujours de les diviser en trois grandes familles : les instruments à cordes, les instruments à vent et les instruments à percussion. La logique, d'accord avec l'histoire, nous force de reconnaître que l'homme, procédant du simple au composé, s'est contenté d'instruments à percussion et d'instruments à vent fort grossiers avant d'arriver à la conception des instruments à cordes pincées, frappées ou frottées. Il y aurait un long et bien intéressant ouvrage à écrire sur la généalogie des instruments de musique : ce sujet toutefois dépasse le cadre d'un livret de Musée. Aussi n'avons-nous pas cherché dans ce Catalogue à faire étalage d'érudition et de philosophie ; nous n'avons visé qu'à être clair et précis. Laissant à d'autres le soin de tracer une histoire développée de la facture instrumentale, nous nous sommes borné à introduire un peu de méthode dans le classement que nous avons adopté et à présenter à nos lecteurs le plus de renseignements utiles et inédits que nous avons pu rassembler.

Dans ce Musée, ornement de la première école de musique de France, nous avons réservé la place d'honneur aux instruments qui sont la plus haute expression de l'art moderne et relégué aux arrière-plans les instruments des nations peu civilisées ou étrangères à notre système musical. Par la même raison, nous avons placé dans ce Catalogue les instruments de l'Europe avant ceux de l'Asie, de l'Afrique et de l'Amérique ; mais l'ordre dans lequel nous avons classé les instruments exotiques ou sauvages est absolument semblable à celui que nous avons suivi dans notre première énu-

mération, qui se compose de quatre parties consacrées :
1° aux instruments à cordes ; 2° aux instruments à vent ;
3° aux instruments à percussion ; 4° à tout ce qui se rapporte
à l'acoustique et aux objets de pure curiosité.

Cette division symétrique facilitera les points de comparaison et les rapprochements instructifs.

Instruire, voilà le but auquel nous nous sommes efforcé
d'atteindre. Et si notre livret ne présente pas un plus grand
intérêt historique, c'est que nos recherches n'ont pas été toujours couronnées de succès, les bibliothèques d'Italie n'étant
guère plus riches que les nôtres en fait de documents im-
primés ou manuscrits sur les luthiers et autres facteurs
d'instruments. Notre travail aura du moins cet avantage
d'être le premier de ce genre qu'on ait encore publié en
France, et, malgré les imperfections et les erreurs de détail
qu'on y pourra signaler, nous espérons qu'il rendra service
aux musiciens studieux. En tout cas, il permettra de se rendre un compte exact des richesses actuelles du Musée et des
lacunes qu'il nous reste à combler, ayant eu soin de placer à
la fin de cet opuscule un index des principaux ouvrages où
l'on trouve des figures d'instruments de musique. Outre un
choix de ces livres ornés d'images, nous nous proposons de
former une collection de photographies et de dessins qui
reproduiront avec une fidélité scrupuleuse l'aspect des instruments soit anciens, soit modernes, que nous n'aurons pu
nous procurer ou faire copier. C'est ainsi que, d'année en
année, se complétera le Musée du Conservatoire et qu'il
présentera, au point de vue de l'iconographie musicale, de
la reproduction des instruments antiques et des spécimens
de la facture instrumentale moderne, le plus riche et le plus
utile des foyers d'étude.

LISTE DES DONATEURS.

Baluze.
Batiste (Édouard).
Bellon.
Berlioz (Hector).
Bernardel frères.
Boieldieu (Adrien).
Bottée de Toulmon (Mme).
Broadwood.
Brod (Mme veuve).
Bruyant.
Carafa (Michel d'Aubenton).
Cattaert.
Cavaillé-Coll.
Chanteloup.
Cokken (Mme veuve).
Courtois (Antoine).
Clapisson (Mme veuve).
Crispin.
Dauprat.
Dauverné.
Delisse (Paul).
Denne-Baron (Mme veuve).
Dornier (Mme la baronne).
Dorus.
Dufrène (Mme veuve).
Du Pont, de Bordeaux.
Faure.
Fleury (J.)
Fréville (Eugène).
Fumouze.
Gallay (Jules).
Gand (Adolphe et Eugène).
Gilson.
Habeneck (Mme veuve).
Hérold (Ferd.).

Herzfeld (Joseph), de Vienne.
Hetzel.
Jacobson, de Stockholm.
Jancourt (Eugène).
Kastner (Georges).
Kreutzer (Léon).
Lafleur (Alphonse).
Lardin.
Larrey (baron H.).
Leborgne (Marcel).
Le Couppey (Félix).
Massart.
Maulaz.
Meilhan, de Nantes.
Meyerbeer (Mme).
Miremont.
Morderet (Mme), d'Angers.
Ney (Casimir).
Nonon (J.).
Pillaut.
Pixis (J.-B.).
Prins (Pierre).
Roehn.
Roth, de Strasbourg.
Sallantin (Jules).
Sauzay (Eugène).
Schœlcher (Victor).
Strauss.
Suarez (Francisco de P.).
Tollot (Julien).
Triébert (Ch. et Fred.).
Turquet (Henri).
Viardot (Mme Pauline).
Vogt.
Vuillaume (J.-B.).

LE MUSÉE

DU

CONSERVATOIRE NATIONAL

DE MUSIQUE.

PREMIÈRE PARTIE.

SECTION I.

Instruments à cordes des pays européens.

I.

INSTRUMENTS A CORDES ET A ARCHET.

La famille européenne des instruments à cordes frottées par un archet se compose de plusieurs branches, dont quelques-unes se sont éteintes ou complétement transformées. La branche la plus intéressante de cette famille est, sans contredit, celle des *violes*, parce qu'elle a donné naissance aux trois instruments accordés par quintes avec lesquels on a formé le quatuor moderne. Elle est issue du *crouth* à trois cordes, selon F.-J. Fétis, et, par conséquent, d'origine européenne ; tandis que la branche des *rebecs*, maintenant disparue, descendait du *rebab* des Orientaux.

Avant la formation du quatuor moderne, le *jeu de violes* comprenait une basse de viole, une taille de viole, une haute-contre de viole et un dessus de viole. En Italie, la taille et la haute-contre ne faisaient qu'un même instrument, et l'on appelait *violino piccolo alla francese* le *par-dessus de viole* qu'avaient adopté les Français. Mais on donnait encore aux violes d'autres noms qui venaient de la manière dont on tenait ces instruments. Il y avait la *viola da*

1

gamba, ainsi nommée parce qu'elle se posait entre les jambes, comme aujourd'hui le violoncelle; la *viola da spalla*, viole-ténor que, par suite de sa dimension, l'exécutant était obligé de placer sur l'épaule; la viole de bras, *viola da braccio*, ou viole proprement dite, la seule que nous ayons conservée (sous le nom d'*alto*) avec la petite viole ou *violino* et avec la grande viole ou *violone*.

Il y avait, en outre, la *viole bâtarde*, qu'on nommait ainsi parce qu'elle s'accordait par quintes et par quartes; la *viola pomposa*, inventée par J.-Séb. Bach, et qui s'accordait comme notre violoncelle, mais qui avait une cinquième corde à l'aigu; la *viola di bordone* ou *baryton*, sorte de petit violoncelle d'amour; enfin les *poches* ou *pochettes*, qui ne servaient qu'aux maîtres de danse.

Du quinzième au dix-septième siècle, les dimensions des violes et la manière de les monter ont subi de singulières variations. Martin Agricola nous a donné, en 1528, le dessin d'un quatuor de petites violes, à tête renversée comme celle des luths, et montées de trois cordes seulement. On trouve aussi dans son précieux livre sur la musique instrumentale (*Musica instrumentalis*, f. xlv) l'accord d'un quatuor de violes à quatre cordes et d'un quatuor de grandes violes à cinq cordes (la basse en avait six). Au milieu du seizième siècle, les violes italiennes étaient montées de six cordes qui s'accordaient ainsi:

DESSUS DE VIOLE : (clef d'*ut* 1re ligne) *ré, la, mi, ut, sol, ré.*

ALTO ET TÉNOR : (clef d'*ut* 4e ligne) *sol, ré, la, fa, ut, sol.*

BASSE DE VIOLE : (clef de *fa* 4e ligne) *ré, la, mi, ut, sol, ré.*

Cette manière d'accorder les instruments à archet par deux quartes en descendant suivies d'une tierce à laquelle succèdent deux autres quartes, est également celle d'accorder plusieurs instruments à cordes pincées.

Jean Rousseau, dans son *Traité de la viole* (1687), nous apprend que Sainte-Colombe, vers 1675, ajouta une 7e corde à la viole, pour augmenter d'une quarte l'étendue de cet instrument, et introduisit en France l'usage des « cordes filées d'argent ».

Les rebecs n'avaient point d'éclisses comme les violes : c'étaient des instruments moins perfectionnés et destinés aux musiciens des rues; aussi les luthiers ont-ils dédaigné d'en conserver quelques-uns, et est-il impossible d'en retrouver un seul aujourd'hui.

La *rubèbe* ou *rebelle* du moyen âge, qu'on nomma ensuite *rebec*, n'eut d'abord que deux cordes, comme le *rebab* populaire des

Arabes. L'accord de la rubèbe, au treizième siècle, était celui-ci :
ut, sol d'entre les lignes de la clef de *fa* 4° ligne. Le ténor de rubèbe, monté de trois cordes, s'appelait *gigue*. Puis on constitua le
quatuor de *rebecs*, et ces *bas instruments*, qui servaient surtout pour
la danse, restèrent entre les mains des ménétriers et des chanteurs
ambulants. La basse des concerts de rebecs était jouée par le
monocorde ou par la *trompette marine*, et ce dernier instrumen
figura longtemps dans la musique des rois de France.

Il serait trop long d'énumérer ici tous les ouvrages à consulter
sur la famille des instruments à cordes et à archet; nous nous contenterons d'indiquer, parmi les livres qu'on a écrits depuis la no-
tice de F.-J. Fétis sur *Stradivarius*, la *Note historique sur les
instruments à archet, les faiseurs et les joueurs d'instruments* de
M. Vidal, avec gravures de M. Hillemacher (sous presse).

1. — Violon en écaille.

Ce riche instrument, dont le manche est orné d'incrustations en ivoire et
en argent, appartient à l'époque de Louis XIII. Il ne porte point de signature, mais nous le croyons l'œuvre d'un luthier allemand. (*Collection Clapisson.*)

Le violon (que nous devrions appeler *violin*, puisque ce mot vient de
violino et que *violone*, en italien, signifie *contre-basse*) est un instrument
monté de 4 cordes qui s'accordent par quintes : sol (corde filée), ré, la, mi
(cordes de boyau). Il a une étendue de près de quatre octaves : du sol au-
dessous des lignes de la clef de sol jusqu'au mi suraigu.

Les origines du violon sont encore assez obscures, mais il est certain que
les luthiers de l'école italienne sont ceux qui ont le plus contribué à perfectionner cet instrument. Citons d'abord J. Kerlino, Dardelli, Duiffoprugcar,
Linerolli, Zanetto, Morella, Pézard, Gaspard de Salo et Maggini, qui ont
rendu célèbre la lutherie de Brescia; nommons ensuite les Amati, qui s'é-
tablirent à Crémone; Cappa, P. Grancino et François Rugger, qu'il ne faut
pas confondre avec J.-B. Rugger de Brescia, tous les trois élèves de Nic.
Amati; enfin l'illustre Ant. Stradivarius et le fameux Jos.-Ant. Guarnerius
(cousin germain de Joseph et neveu d'André Guarnerius), qui eurent pour
émules ou pour élèves Ch. Bergonzi, Dom. Montagnana, Alex. Gagliano,
L. Guadagnini, Storioni, Jacques Stainer et autres maîtres d'un moindre
talent.

Parmi les luthiers français du siècle dernier, nous mentionnerons : Mé-
dard, de Comble et Panormo, disciples de Stradivarius; Jacq. Boquay,
Cl. Pierray, Gaviniés, L. Guersan, Pique et surtout Nicolas Lupot.

Nous n'avons point à retracer ici l'histoire du violon, et nous renvoyons les personnes qui désirent étudier à fond les questions de facture instrumentale aux ouvrages suivants :

N.-L. Diehl : *Die Geigenmacher der alten italienischen Schule*. Hamburg, 1866.

F.-J. Fétis : *Stradivarius*. Paris, 1856.

E. Folegatti : *Il Violino*. Bologna, 1873.

J. Gallay : *Les Instruments des Écoles italiennes*. Paris, 1872.

Sandys et Forster : *The History of the violin*, etc. London. 1864.

Wasielewski : *Die Violine und ihre Meister*. Leipzig, 1869.

2. — Petit violon en écaille.

Cet instrument, d'une forme ravissante, est enrichi de filets et d'ornements en filigrane d'argent. La coquille, la fleur de lis et le groupement des initiales qui décorent le fond, tout indique que ce petit violon date du règne de Louis XIV. Il passe pour avoir appartenu à Lully, mais nous doutons qu'il soit de Jacobus Stainer, ainsi que le croyait L. Clapisson. Quelle qu'en soit l'origine, c'est une œuvre exquise et faite de main de maître. (*Collection Clapisson*.)

3. — Violon allemand en écaille.

Cette œuvre du luthier de Breslau, Johannes Roisman, date de 1680. La table est enrichie de dessins en or ; la touche est incrustée de pierreries ; la tête du manche et les ornements sont en ivoire.

Ce violon a sans doute appartenu à la chapelle-musique du roi Louis XIV, car on y remarque un écusson aux armes de France. (*Collection Clapisson.*)

4. — Violon français richement orné.

Au caractère des dessins et du médaillon en or qui l'embellissent, on reconnaît que cette belle pièce appartient à l'époque de Louis XIV. (*Collection Clapisson*.)

5. — Violon de petit format.

Ce petit violon français date du temps de Louis XIV. (*Collection Clapisson.*)

6. — Touche de violon.

Elle est d'Ant. Stradivarius. (*Don de J.-B. Vuillaume.*)

7. — Violon français.

Cet instrument est orné de sculptures d'une grande finesse et de peintures sur fond gris perle, dans le goût de l'école de Watteau. La touche, la queue et le médaillon du fond de ce violon sont émaillés en cuivre. *(Collection Clapisson.)*

8. — Petit modèle de violon.

L'instrument est en ivoire pointillé d'or. Il est accompagné de son archet et de son étui qui porte les initiales P. D. F. *(Collection Clapisson.)*

9. — Violon français.

Cet instrument date du milieu du dix-huitième siècle. L'illustre violoniste-compositeur P. Baillot (Passy, 1er octobre 1771 — Paris, 15 septembre 1842) s'en est servi pendant quarante-cinq ans pour donner ses leçons au Conservatoire, où il a professé depuis le 22 décembre 1795 jusqu'à la fin de sa glorieuse carrière.

10. — Violon français.

Il est de Chappuy qui vint s'établir à Paris au milieu du siècle dernier. Le célèbre violoniste-compositeur Fr. Habeneck (Mézières, 22 janvier 1781 — Paris, 8 février 1849) s'est servi de cet instrument pendant trente-sept ans pour faire sa classe au Conservatoire, où il a professé d'abord à titre de professeur adjoint de 1808 à 1816, puis comme professeur titulaire du 1er janvier 1825 au 1er octobre 1848. Il avait été nommé inspecteur général des classes le 1er septembre 1831.

11. — Violon à mentonnière ouverte.

Ce violon, d'une forme originale, est habilement construit ; nous le croyons l'œuvre d'un des bons luthiers français du siècle dernier, bien qu'il ressemble à un instrument d'origine italienne. *(Collection Clapisson.)*

12. — Violon en cuivre.

La table d'harmonie, la touche et la queue sont ornées de dessins originaux très-finement gravés. Instrument et dessins gravés sont dus au peintre Besancenot, qui les a exécutés à Dijon, l'an 1776.

13. — Violon français.

Ce violon ressemble beaucoup à ceux de François-Nicolas Fourrier (Mirecourt, 5 octobre 1758 — Paris, 1816) connu sous le nom de Nicolas, de Mirecourt. Rodolphe Kreutzer (Versailles, 16 novembre 1766 — Genève, 6 janvier 1831) s'en est servi pour donner ses leçons au Conservatoire, depuis la création de cette école jusqu'au moment où il prit sa retraite (1er janvier 1826). *(Don de MM. Kreutzer et Massart.)*

14. — Violon en faïence.

Ce violon, en faïence de Delft, a figuré naguère dans la collection de

M. Aimé Desmottes, de Lille. Il est fort lourd à la main, et la sonorité n'en est ni puissante ni agréable ; mais c'est une pièce rarissime et des plus curieuses. (*Collection Clapisson.*)

15. — Manche de violon, en faïence.

(*Collection Clapisson.*)

16. — Violon de Pique.

Cet instrument fait, en 1810, pour le père de M. Jules Gallay, est de Fr.-L. Pique (Rorei, près Mirecourt, 1758 — Charenton-Saint-Maurice, près Paris, 1822). Cet habile luthier s'établit à Paris en 1789, devint fournisseur du Conservatoire et se retira des affaires six ans seulement avant sa mort. (*Don de M. Jules Gallay.*)

17. — Violon hongrois en marqueterie.

Il est signé : Karl Ertl. Ce luthier, établi à Presbourg, s'était livré à une étude particulière des vernis, dont il savait tirer un parti avantageux. (*Collection Clapisson.*)

18. — Violon de Viotti.

Ce violon a la forme d'une guitare, et il est bordé de filets en ivoire et ébène qui empêcheraient de le détabler aisément. On ne manquera pas de remarquer que les ouïes en sont presque droites.

Cet instrument, qui s'éloigne des modèles italiens, est l'œuvre du luthier François Chanot (Mirecourt, 1787 — Brest, 1823). Cet ancien élève de l'École polytechnique, plus versé dans la mécanique que dans l'acoustique, crut un moment qu'il opérerait une révolution profitable dans l'art de construire les violons, et il prit un brevet d'invention pour celui qu'il présenta en 1817 à l'approbation de l'Académie des sciences.

On lit sur la table cette inscription qui rappelle pour quel grand artiste Chanot a fait ce violon :

A VIOTTI
P. I. T.

Et, plus bas, ce quatrain enguirlandé de fleurs peintes en grisaille et composé en l'honneur du virtuose-compositeur qu'il déclare le *premier entre tous* (*Primiero Intrà Tutti*) :

A mes essais daigne sourire !
Fais résonner ce nouveau violon :
Et l'on dira que d'Apollon
J'ai retrouvé l'harmonieuse lyre.

A l'intérieur se trouve une étiquette écrite de la main du savant Chanot. Elle est ainsi conçue :

> Chanot, par brevet d'invention, 21 janvier 1818.
> Paris et Mirecourt. C. J. D. N° 26.

Il est évident que les tentatives de ce luthier ont ouvert à Savart la voie qu'il a suivie. (*Don de J.-B. Vuillaume.*)

19. — Violon triangulaire.

Ce violon trapézoïde a été inventé par le célèbre acousticien Félix Savart (Mézières, 1791 — Paris, 1841), qui le présenta, en 1819, à l'examen de l'Académie des sciences. Il rappelle la forme qu'avait cet instrument au treizième siècle. La longueur du violon Savart est égale à celle des violons ordinaires ; mais la table est plane, les éclisses sont rectilignes et les *f* remplacés par des ouvertures rectangulaires.

V. Mémoire sur la construction des instruments à cordes et à archet, lu à l'Académie des sciences, le 31 mai 1819, suivi du rapport qui en a été fait aux deux Académies des sciences et des beaux-arts par MM. Haüy, Charles, de Prony, Cherubini, Catel, Berton, Biot, rapporteur ; Paris, Deterville, 1819. 1 vol. in-8° avec planches. (*Donné par MM. Gand frères.*)

20. — Violon cylindrique.

Cet instrument de forme bizarre, et dont la barre est placée en dehors, a été construit sous la direction de Savart. Le corps est en bois de sapin, choisi avec beaucoup de soin et l'on y a simplement ajusté un manche d'ancien violon.

21. — Violon carré.

Comme le précédent, ce violon a été fabriqué pour servir aux expériences du savant physicien Savart. Il est en bois d'érable, de forme carrée et ouvert par derrière.

Ces deux instruments doivent dater de 1815 à 1820.

22. — Violon français de forme nouvelle.

Ce violon, orné d'une tête grossièrement sculptée, est d'une coupe nouvelle, mais peu agréable à l'œil. Une étiquette manuscrite indique qu'il est de l'invention du sieur Belleville, qui l'a fait à Paris, en 1828. (*Collection Besse-Dumas.*)

23. — Violon russe.

On y remarque un trou rond au bas et à côté de chaque *f*, et il est à doubles échancrures.

24. — Violon de Lupot.

Ce bel et bon instrument, d'une coupe harmonieuse et d'un vernis si
remarquable, est l'œuvre de Nicolas Lupot (Stuttgard, 1758 — Paris, 1824).
Fils de François Lupot, qui était élève de Jos. Guarnerius, il s'établit en
France avec son père, demeura d'abord à Orléans; puis il vint se fixer à
Paris en 1794, et y fonda sa maison en 1798. Nommé luthier de la chapelle
en 1815, il devint luthier de l'École royale de musique en 1816. Il soignait
tout particulièrement les instruments que les élèves du Conservatoire rece-
vaient en prix. Celui-ci a été fait en 1823 et donné à G. Philippe, un des
bons violonistes sortis de la classe de Baillot, et qui, malheureusement,
mourut à la fleur de l'âge. (*Don de M. Maulaz.*)

25. — Manche de violon.

Ce manche provient d'un violon de Lupot, qui a été brisé lorsque le peuple se précipita dans la chapelle du château des Tuileries, le 29 juillet 1830.
(*Don de J.-B. Vuillaume.*)

26. — Violon de Gand père.

Cet instrument de Ch.-Fr. Gand (1788-1845), élève, gendre et successeur
de Lupot, peut être considéré comme un des meilleurs spécimens du talent
de cet habile artiste. Luthier du Conservatoire et de la musique du roi, il
fut chargé, après la révolution de 1830, de refaire les instruments de la
chapelle des Tuileries, détruits pendant les journées de Juillet.

27. — Violon de Thibout.

Ce violon a été coupé par Jacq.-P. Thibout (Caen, 16 septembre 1779
— Saint-Mandé, 4 décembre 1856). Gabriel-Adolphe Thibout (Paris, 1804-
1858), fils de cet habile luthier, a terminé ce violon, et il en a écorché le
vernis d'après le dessin qu'offrait le fond du Joseph Guarnerius de
Lafont.

Au-dessous de l'étiquette imprimée, Adolphe Thibout a écrit de sa main :
Tibi Saint-Léon fecit Thibout, 1856.

Violoniste et danseur chorégraphe, Saint-Léon étudiait de préférence sur
cet instrument, vendu au Conservatoire par J.-B. Vuillaume, qui s'est rendu
acquéreur des violons laissés par l'auteur du ballet *le Violon du diable*.

28. — Violon de forme irrégulière.

Il est de Couder frères qui, en 1850, ont pris un brevet pour ce nouveau
genre de violons. (*Collection Clapisson.*)

29. — Violon de Jullien.

Cet instrument, de forme nouvelle et raccourcie, a été imaginé, en 1851, par le célèbre luthier J.-B. Vuillaume, à la demande de L.-Ant. Julien, dit Jullien (1812-1860). Ce très-habile chef d'orchestre et compositeur de musique de danse avait beaucoup d'imagination et d'idées excentriques : il avait rêvé d'augmenter l'échelle du violon à l'aigu. Ce violon nouveau s'accordait donc une quarte plus haut que le violon ordinaire, et permettait ainsi d'obtenir à la première position les sons qu'on obtient régulièrement à la troisième. (*Don de J.-B. Vuillaume.*)

30. — Violon sourdine.

Il a été fait à Nuremberg en 1705, ainsi que l'indique une étiquette manuscrite, mais le nom du luthier est devenu illisible. (*Collection Clapisson.*)

31. — Violon sourdine.

Il est daté de 1738, mais le nom du luthier français qui l'a fait est effacé. (*Collection Clapisson.*)

32. — Violon sourdine.

Le patron n'en est pas gracieux et semble trahir une main un peu lourde. C'est probablement l'œuvre d'un luthier allemand. (*Collection Clapisson.*)

33. — Violon sourdine.

Cet instrument, qui passe pour avoir appartenu à Paganini, est formé d'une longue pochette surmontée d'une table de violon. Le manche est bien diapasonné. (*Collection de M. le Dr Fau.*)

34. — Sourdine de violon,

Cette sourdine est de l'invention du violoniste J.-Fr. Bellon, lauréat du Conservatoire (1er prix de 1823, classe de R. Kreutzer). Baillot, dans l'*Art du violon* (1834), rend justice à l'auteur de cette invention qui remonte à 1832. (*Don de M. Eugène Gand.*)

35. — Collection d'archets anciens.

Ces vingt et un archets datent du dix-huitième siècle et représentent toutes les formes qu'on a données à l'archet de violon depuis Corelli et Tartini jusqu'à Cramer et Tourte. (*Collection Clapisson.*)

36. — Collection d'archets.

Ces six archets cannelés et tout à fait authentiques sont du dix-huitième siècle. (*Collection de M. le Dr Fau.*)

37. — Canne-étui.

Elle renferme un bel archet de violon du commencement du dix-huitième siècle. (*Collection Clapisson.*)

38. — Archet italien.

Cet archet à bouton et sans crémaillère passe pour avoir appartenu au célèbre violoniste-compositeur Jos. Tartini (1692-1770) ; mais il ressemble plutôt aux archets employés par Cramer (Manheim, 1745 — Londres, 1805), qu'à ceux auxquels reste attaché le nom de Tartini. (*Don de M. Miremont.*)

39. — Archet de Tourte l'aîné.

Cet archet est d'une exécution soignée et d'une grande légèreté. Il est signé : *Tourte L.*

Xavier Tourte l'aîné florissait sous Louis XVI. Il est le fils du fabricant d'archets parisien à qui l'on a souvent attribué, mais sans preuves suffisantes, la suppression de la crémaillère et l'invention de la vis à écrou qui fait avancer et reculer la hausse pour tendre le crin à volonté, au moyen d'un bouton placé à l'extrémité de la baguette. (*Don de M. Miremont.*)

40. — Archet de Tourte l'aîné.

Beau type des archets de cet habile facteur. (*Don de M. Eugène Gand.*)

41. — Archet français.

On l'attribue à tort à Fr. Tourte ; il est de Tourte l'aîné.

42. — Archet d'Habeneck.

Cet excellent et très-bel archet est de François Tourte (Paris, 1747-1835), que l'on nomma pendant longtemps Tourte *le jeune*, pour le distinguer de son frère Xavier. On y lit sur la hausse cette inscription : « Offert à Habeneck Ier par les camarades de concerts, 1814. » (*Don de Mme veuve Habeneck.*)

F.-J. Fétis, sous la dictée de J.-B. Vuillaume, a enregistré les services rendus par le fabricant d'archets François Tourte à l'art de jouer du violon, qu'Habeneck a cultivé avec tant de succès. (*Voir Antoine Stradivari,* p. 118 à p. 128.)

43. — Archet de Jacques Lafleur.

Il est remarquable par la cambrure et la légèreté de sa baguette à huit pans. La hausse est à recouvrement et ornée d'un écu en nacre. Cet archet authentique de toutes pièces est l'œuvre de Jacques Lafleur, né à Nancy en 1756 et mort à Paris, 32, rue de la Juiverie, en 1832. (*Don de MM. A. Lafleur et Baluze.*)

44. — Archet de Jos.-R. Lafleur.

Ce bel archet, complétement authentique et comparable à un François Tourte, est l'œuvre de Joseph-René Lafleur (Paris, 9 juin 1872 — Maisons-Laffitte, 18 février 1874). Violoniste avant de devenir luthier, Joseph Lafleur excellait, comme son père, dans la fabrication des archets et a fait celui-ci pour Marque, habile professeur de violon. (*Don de MM. A. Lafleur et Baluze.*)

45. — Archet à baguette aplatie.

Joseph-R. Lafleur donna cette forme à la baguette, afin de l'empêcher de fouetter. Peut-être cet archet authentique est-il le seul de ce modèle, l'inventeur l'ayant imaginé à titre d'essai. (*Don de MM. A. Lafleur et Baluze.*)

46. — Archet en acier.

La baguette est en acier creux ; de là sa légèreté. Ce genre d'archet a été imaginé par J.-B. Vuillaume en 1834.

47. — Pochette italienne.

Elle est à bords découpés, comme la basse de viole de P. Zanetto (V. le n° 105). On la peut attribuer à Gaspard de Salo, et nous la croyons, en effet, de ce luthier célèbre, manche excepté. (*Collection de M. le Dr Fau.*)

48. — Grande pochette.

Cette belle pochette, de la fin du seizième siècle, est ornée d'une tête originale dont le travail est ravissant. Le fond rappelle la forme d'une râpe à tabac, et de fines sculptures l'embellissent. Tout l'instrument est enrichi d'onyx et d'autres pierres dures. (*Collection Clapisson.*)

49. — Pochette en ivoire gravé.

Elle est ornée d'une tête de faune en ivoire et ébène, et l'on en doit remarquer les chevilles enrichies de grenats. Cette belle pièce, dont la table est en bois de cèdre, date du commencement du dix-septième siècle ; elle porte à l'intérieur l'étiquette de Matheus Sup. Au-dessous du nom de l'habile luthier allemand, on peut lire cette indication incomplète : *Strasburg* 16 . (*Collection Clapisson.*)

50. — Pochette de 1635.

Elle est en ivoire et en bois de couleur. A l'intérieur on ne peut lire de la signature que Ma.... (P. Maggini?) (*Collection Clapisson.*)

51. — Pochette italienne en ébène.

Le manche se termine par une tête de nègre avec boucles d'oreilles en argent. Cette pochette, du temps de Louis XIII, est ornée d'incrustations, dont les dessins ne se reproduisent pas de chaque côté avec une parfaite symétrie. (*Collection Clapisson.*)

52. — Pochette allemande en écaille de l'Inde.

Elle appartient aussi à l'époque de Louis XIII, et la volute en est ornée d'une ravissante petite tête sculptée. (*Collection Clapisson.*)

53. — Pochette en ébène.

Le fond est à pans coupés avec filets en argent. Cette pochette élégante, ornée d'une tête de nègre, a un cachet italien, bien qu'elle soit signée d'un nom allemand devenu illisible. Elle date de 1652. (*Collection Clapisson.*)

54. — Pochette allemande du temps de Louis XIV.

Le fond de cette pochette est à côtes et enrichi de filets en ivoire. (*Collection Clapisson.*)

55. — Pochette italienne de forme originale.

Cette pièce bizarre, dont le dos est en roseaux, est due au luthier bolonais Vincent Socchi, qui l'a faite en mars 1661. (*Collection Clapisson.*)

56. — Pochette allemande de 1669.

Le nom du luthier qui a fait cette pochette est devenu illisible. La volute du manche est enrichie d'une tête de lion fort bien sculptée. La touche, la queue et le fond, en ivoire et en bois de couleur, forment une marqueterie d'un beau travail. (*Collection Clapisson.*)

57. — Pochette allemande.

Le fond est à pans coupés avec filets en ivoire, et elle est ornée d'incrustations en nacre de perle. Elle date du dix-septième siècle, mais l'étiquette manuscrite de l'auteur est devenue indéchiffrable. (*Collection Clapisson.*)

58. — Pochette de grand format et en bois sculpté.

La forme originale et la remarquable exécution de ce bel instrument attirent et fixent l'attention des connaisseurs. La tête d'ours qui orne le haut du manche est finement sculptée et surmontée d'une couronne ducale. (*Collection Clapisson.*)

59. — Pochette italienne à dos d'ébène.

Cette pièce élégante et ravissante a la forme des anciennes basses de viole. Elle est ornée d'incrustations en ivoire d'une heureuse disposition. (*Collection Clapisson.*)

60. — Pochette italienne.

Cette jolie pochette en marqueterie, ivoire et ébène, est du dix-septième siècle. (*Collection de M. le Dr Fau.*)

61. — Grande pochette de Stradivarius.

A en juger seulement par la couleur du vernis, on pourrait croire que cette superbe pochette appartient à la période des premiers travaux d'Ant. Stradivarius (1644-1737) ; mais, à la fermeté du dessin et à l'originalité de la forme de cet instrument, à la coupe merveilleuse des ouïes, à la double échancrure des bords, on reconnaît que déjà le célèbre luthier n'imitait plus les Amati. Ce bijou date, en effet, de 1717, c'est-à-dire des plus belles années du grand artiste de Crémone. Il fut importé en France par Tarisio, qui le vendit à Silvestre, le luthier lyonnais. L. Clapisson, qui fut un violoniste distingué avant de devenir un compositeur populaire, acheta cette pochette en 1858, et il voulut qu'on l'entendît dans *Les trois Nicolas* (16 décembre 1858), opéra en 3 actes qu'il écrivit pour les débuts du ténor Montaubry. Ce fut M. Croisilles qui exécuta la jolie gavotte du compositeur, et il se fit justement applaudir dans ce solo, dont tous les anciens abonnés du théâtre de l'Opéra-Comique ont gardé le plus agréable souvenir. La pochette de Stradivarius charma le public et les connaisseurs, qui lui trouvèrent beaucoup de sonorité et un timbre d'une nature particulière. (*Collection Clapisson.*)

62. — Pochette italienne en forme de râpe.

Elle est de forme plate, en marqueterie composée de bois de différentes couleurs, et enrichie d'incrustations en nacre de perle. A l'extrémité de la volute on remarque une tête de femme habilement sculptée et, au milieu de la table, un cœur percé à jour. Cette pièce, d'un délicieux travail, est tout à fait intacte. (*Collection Clapisson.*)

63. — Pochette italienne à mentonnière.

La pochette est à filets d'écaille et d'ivoire. Cette pièce, sorte de violon-sourdine, est surtout remarquable par la beauté du vernis. Elle date de la première moitié du dix-huitième siècle.

64. — Grande pochette française.

Cette belle pochette, dont la coupe et le vernis rappellent les violons du Milanais Paolo Grancino, élève de Nic. Amati, est de Rol et datée de 1733.

Cet habile luthier, à peu près inconnu de nos jours, était établi à Paris, cour Saint-Denis de la Chartre. (*Don de M. J. Fleury.*)

65. — Pochette anglaise.

Cette pochette d'assez grand format n'est pas signée, mais on peut l'attribuer à Betts, luthier anglais du dix-huitième siècle. (*Collection Clapisson.*)

66. — Pochette française.

On ne manquera pas d'en remarquer la forme guitare, et les quatre échancrures, qui donnent aux éclisses un aspect original. (*Collection Clapisson.*)

67. — Grande pochette en forme de cerf volant.

La disposition des *f* de cette pochette rappelle le faire de Gaspard de Salo. (*Collection Clapisson.*)

68. — Pochette française, forme violon.

La volute de cette jolie pochette française est ornée d'une tête finement sculptée. (*Collection Clapisson.*)

69. — Petit modèle de pochette de dame.

Cette petite pochette en ivoire contient un éventail. La touche et la queue de cet objet de haute curiosité sont en ébène et en ivoire, formant marqueterie. (*Collection Clapisson.*)

70. — Pochette française, forme guitare.

La table en est jolie, et la tête du manche mérite aussi d'être remarquée. (*Collection Clapisson.*)

71. — Pochette française.

Cette jolie pochette, qui a la forme d'un violon, est faite de deux morceaux seulement, les éclisses tenant au fond de l'instrument. Les *f f* en sont d'une grande élégance. Cette pièce intacte n'est point signée. (*Collection Clapisson.*)

72. — Pochette d'une forme originale.

Elle est faite aussi de deux morceaux seulement. Le sillet et la disposition des ouïes appellent l'attention des amateurs qui ne manqueront pas d'admirer le style italien et la pureté de la forme de cette pochette. (*Collection Clapisson.*)

73. — Pochette française.

Elle a la forme d'une guitare et est faite aussi de deux morceaux seulement. (*Collection Clapisson.*)

74. — Pochette italienne.

Elle est en ébène, avec filets d'ivoire. (*Collection de M. le Dr Fau.*)

75. — Pochette française.

Elle a la forme d'un violon. (*Collection de M. le Dr Fau.*)

76. — Pochette italienne.

Cette jolie pochette est en écaille de l'Inde avec filets en ivoire. Les chevilles et la tête sont en ivoire. (*Collection Clapisson.*)

77. — Canne-pochette.

La pomme d'ivoire, ornée d'une pierre, se dévisse, et l'on peut alors enlever une moitié de la partie supérieure de la canne qui forme pochette. L'archet est renfermé dans la partie inférieure de cette canne creuse. (*Collection Clapisson.*)

78. — Archets de pochette.

Collection de 8 archets anciens.

79. — Violon d'amour.

Ce violon d'amour, à 12 cordes vibrantes, est orné d'une très-jolie tête sculptée. Cet instrument français, au long manche, a naguère appartenu à P.-Julien Nargeot (né en 1800), second prix de Rome en 1828. Ce chef d'orchestre, lorsqu'il était attaché au théâtre des Variétés, a plusieurs fois fait entendre ce violon d'amour dans des pièces dont il avait composé la musique ; on se souvient surtout de la jolie villanelle qu'il a écrite pour *les Lutins de Bretagne*, pièce de Dumersan. Ce violon s'accordait ainsi : *mi, la, ré, la.* (*Collection de M. le Dr Fau.*)

80. — Par-dessus de viole (improprement appelé Quinton).

Ce riche instrument à 6 cordes, laqué en Chine et dont le manche se termine par une tête d'animal très-bien exécutée, fait honneur à l'ancienne lutherie française. Il date de la fin du dix-septième siècle ou du commencement du dix-huitième. (*Collection Clapisson.*)

81. — Par-dessus de viole italien.

Le fond et les éclisses de ce beau par-dessus de viole, qui date du dix-huitième siècle, sont en ivoire et en ébène, et cette marqueterie forme damier. Le manche est surmonté d'une tête de lion. La table, la voûte, les ouïes, tout, dans cet instrument à 6 cordes, révèle la main d'un habile luthier. (*Collection Clapisson.*)

82. — Par-dessus de viole français.

Il est à 5 cordes et de Louis Guersan, qui l'a fait à Paris, en 1747. (*Don de M. Meilhan, de Nantes.*)

83. — Par-dessus de viole français.

Cet instrument à 5 cordes, de Louis Guersan, date de 1747. (*Donné par MM. Gand frères.*)

84. — Par-dessus de viole français.

Cet instrument à 5 cordes, de Louis Guersan, porte la date de 1751. Les éclisses et le fond sont ornés de filets en bois de cèdre ; le manche est surmonté d'une tête de femme finement sculptée. (*Collection Clapisson.*)

85. — Par-dessus de viole français.

Autre instrument à 5 cordes du même luthier et du même caractère. (*Collection Clapisson.*)

86. — Par-dessus de violé français.

Cet instrument à 5 cordes est de François jeune, qui l'a fait en 1755, lorsqu'il demeurait à Paris, rue de la Juiverie. Il est orné d'une tête sculptée qui ne manque pas de caractère, et les éclisses, ainsi que le fond, sont à filets en bois de rose. (*Don de MM. Gand frères.*)

87. — Par-dessus de viole français.

Ce par-dessus de viole, à 6 cordes, de Guersan, est daté de 1755. Comme les précédents, il est orné de filets en bois de couleur, et le manche en est surmonté d'une tête finement sculptée. (*Collection Clapisson.*)

88. — Par-dessus de viole.

Cet instrument, d'un modèle très-pur, est à 7 cordes, et il est orné d'une tête à panache, bien sculptée. Ce par-dessus de viole est l'œuvre de Nézot. (*Collection de M. le Dʳ Fau.*)

89. — Par-dessus de viole français.

Ce joli instrument marqueté, à 5 cordes, est orné d'une tête sculptée et d'un manche dit de La Fille. (*Collection de M. le Dʳ Fau.*)

90. — Archet de par-dessus de viole.

Il est à hausse fixe et du dix-septième siècle. (*Don de J.-B. Vuillaume.*)

91. — Archet de par-dessus de viole.

Il est à hausse manœuvrant avec crémaillère : commencement du dix-huitième siècle. (*Don de J.-B. Vuillaume.*)

92. — Archet de par-dessus de viole.

Il est à hausse mobile avec bouton en ivoire, et le bas de la baguette est orné de cannelures élégantes. Système Tartini. (*Don de J.-B. Vuillaume.*)

93. — Archet de par-dessus de viole.

Il est à hausse en ivoire et repose sur une plaque d'ivoire incrustée dans la baguette. 1770. Système Cramer. (*Don de J.-B. Vuillaume.*)

94. — Viole bâtarde.

Elle est montée de 6 cordes, a été laquée au Japon et porte la signature de Cristofo Giquelier, luthier établi à Paris en 1712, année où il a fait cet instrument.

95. — Viole d'amour allemande.

Cette belle viole d'amour, à 7 cordes en boyau et à 15 cordes vibrantes, est ornée d'une double tête en bois de poirier dont l'exécution est remarquable. On doit cet instrument à Mathias Kloz, qui l'a terminé à Mittenwald en 1732.

96. — Viole d'amour française.

Cet instrument, à 7 cordes en boyau et à 6 cordes vibrantes, est du luthier Salomon qui était établi à Paris au milieu du siècle dernier. La tête en est finement sculptée. (*Collection Clapisson.*)

97. — Viole d'amour.

Cet instrument, à 6 cordes en boyau et à 6 cordes vibrantes, est orné de filets en marqueterie et d'une jolie tête sculptée. Le vernis en est très-beau. (*Collection de M. le Dr Fau.*)

98. — Viole d'amour (viola di braccio.)

Cet instrument offre un ancien modèle très-pur du grand patron des dessus de violes. Il est orné d'une tête sculptée. La disposition des 6 cordes vibrantes mérite d'être remarquée. (*Collection de M. le Dr Fau.*)

99. — Grande viole d'amour (viola di braccio).

Cet instrument, qui semble de Tielke, mais qui n'est point signé, offre un magnifique patron découpé de grand dessus de viole. La touche est marquetée sur fond d'os ; le manche est orné d'une tête d'Amour ailé et de sculptures sur la face postérieure.

Cette élégante et grande viole d'amour est montée de 7 cordes en boyau, auxquelles répondent 14 cordes vibrantes. Il est probable qu'on en jouait en la tenant inclinée sur la cuisse. (*Collection de M. le Dr Fau.*)

100. — Touche de viole.

Elle est d'Ant. Stradivarius. (*Don de J.-B. Vuillaume.*)

101. — Alto.

Cet alto est une copie exacte de ceux que Lupot et Gand père avaient faits pour la musique de la chapelle des Tuileries. On l'a vu figurer plusieurs fois aux concerts de la cour, parce qu'outre les instruments de la musique de l'Empereur, propriété de l'État, il y en avait de supplémentaires qui étaient la propriété des luthiers de la cour impériale, et qui, par suite, ne demeuraient point aux Tuileries. C'est ainsi que cet alto, d'un beau modèle, a échappé à l'incendie du palais. (*Don de MM. Gand et Bernardel frères.*)

L'alto, qui, dans l'orchestre moderne, a remplacé la viole, est monté de 4 cordes s'accordant une quinte plus bas que celles du violon : *ut, sol, ré, la.* L'étendue de cet instrument est de trois octaves et une sixte : de l'*ut* au-dessous des lignes de la clé de *fa* troisième ligne, jusqu'au deuxième *la* des lignes additionnelles de la clé de *sol.*

102. — Contralto.

Cet alto, de forme nouvelle et aux hautes éclisses, a été imaginé par J.-B. Vuillaume, en 1855. Comme étendue et comme accord, il ne diffère pas de l'alto ordinaire, mais il possède une plénitude de son très-remarquable. (*Don de J.-B. Vuillaume.*)

103. — Baryton allemand.

Ce baryton est monté de 6 cordes en boyau et de 18 cordes en laiton. Il est de Norbert Bedler, luthier de la cour de Bavière, et daté de Wurtzbourg, 1723. (*Collection Besse-Dumas.*)

Comme la viole d'amour, le baryton, qu'on nomme aussi *viola di bardone*, ou *viola di bordone*, est monté de cordes en boyau, que fait vibrer l'archet, et de cordes harmoniques en laiton, placées sous la touche. Le nombre de ces deux rangées de cordes a varié : très-souvent, au lieu de 6 cordes en boyau, on en comptait 7, qui s'accordaient de la sorte : *si* grave au-dessous des lignes de la clé de *fa, mi, la, ré, fa, si, mi* au-dessus des lignes. — Le nombre des cordes de laiton était bien autrement variable : de 7 et de 11 cordes, il s'est élevé progressivement à 16, à 18, à 20, à 22, et même à plus encore, s'il faut en croire certains auteurs.

Le baryton n'a jamais été en faveur qu'en Allemagne, où Ant. Lidl et Karl Franz ont cherché à le populariser au siècle dernier. Le prince Nic. Esterhazy, qui aimait beaucoup cet instrument et en jouait assez bien, fit écrire par Joseph Haydn un grand nombre de morceaux pour le baryton, — compositions qui, malheureusement, ne sont pas arrivées jusqu'à nous.

104. — Petite basse de viole.

Cet intéressant et très-curieux instrument à 6 cordes provient de la collection de l'héritier des Contarini. Il est du célèbre luthier Gaspard de Salo, qui resta établi à Brescia de 1565 à 1615. Le Père Mersenne, dans son ouvrage intitulé : *Harmonicorum libri XII,* a donné le dessin d'une petite basse de ce genre, qu'il appelle *barbitos major* (V. *Harmonicorum instrumentorum liber primus,* p. 44) ; il n'a pas reproduit cette image du grand barbiton dans son *Harmonie universelle. (Collection de M. le Dr Fau.)*

105. — Basse de viole italienne.

Cette basse de viole à 6 cordes, rapportée d'Italie par Tarisio, devint la propriété de Norblin (1781-1864), qui fut professeur de violoncelle au Conservatoire, de 1826 à 1846. Ce virtuose a substitué à la touche originale de ce magnifique instrument une touche de violoncelle.

La *Sainte Cécile* du Dominiquin est représentée jouant d'un instrument de la même forme que celui-ci, qui est d'une très-grande pureté de lignes. Le vernis italien en est admirable, et la tête de lion chimérique qui orne le manche est sculptée avec beaucoup d'art.

Cette basse de viole porte l'étiquette de Pelignino Zanetto, qui l'a faite à Brescia, en 1547. Les œuvres de ce très-habile luthier sont rarissimes. *(Collection de M. le Dr Fau.)*

106. — Petite basse de viole anglaise.

Le fond et les éclisses sont en bois de cèdre ; la table est ornée d'une rosette borgne. Cette basse de viole, montée de 7 cordes, porte la signature du luthier Henry Jaye, et date de 1624. *(Collection Clapisson.)*

107. — Basse de viole.

Elle est à 7 cordes, sculptée sur les éclisses et sur le fond. Le chevalet est de l'époque.

Cette belle pièce, des plus rares, offre un modèle original. M. Viollet-le-Duc l'a dessinée dans son *Dictionnaire raisonné du mobilier français* (t. II, p. 324), et il déclare qu'elle date de la fin du quinzième siècle ou des premières années du seizième siècle ; mais nous la croyons d'une époque moins ancienne. Dieulafait, fort habile luthier, y a inscrit son nom en

1720 : nous doutons que ce soit à titre d'auteur ; cette basse de viole nous paraît cependant d'origine française. (*Collection de M. le Dᵣ Fau.*)

108. — Basse de viole.

Elle est ornée d'une fort jolie tête sculptée, représentant l'Amour bandant les yeux d'une femme.

Cet instrument est monté de 7 cordes ; il n'est pas signé, mais sa coupe hardie, son vernis à l'huile et le dessin des ouïes indiquent la main habile d'un luthier de la première moitié du dix-huitième siècle, peut-être celle de Barack Norman. (*Collection Clapisson.*)

109. — Basse de viole française.

Le manche, orné d'une tête de femme, la queue et le chevalet en sont sculptés et dorés. Le fond, coupé à sifflet, est à filets en bois de cèdre, de même que les éclisses.

Cet instrument, daté de 1755, est de Benoît Fleury, habile luthier qui s'était établi à Paris et qui occupait un rang honorable dans la corporation des luthiers maîtres-jurés-comptables. (*Collection Clapisson.*)

110. — Tête de basse de viole.

Tête de lion sculptée largement. Fragment du dix-septième siècle.

111. — Tête d'un manche de basse de viole.

Ce fragment de manche provient d'une basse de viole de Stradivarius. Le vernis en est admirable. (*Don de J.-B. Vuillaume.*)

112. — Fragment d'un manche de basse de viole.

Tête d'Apollon. Fragment d'un instrument français.

113. — Violoncelle français.

On peut l'attribuer à Fr. Chanot (1787-1823), car il semble dater de 1820 et il reproduit le modèle imaginé par ce savant. (*Don de MM. Gand et Bernardel frères.*)

Le violoncelle s'accorde comme l'alto, mais à une octave plus bas. Les deux plus graves de ses 4 cordes sont filées en laiton. L'étendue de cet instrument est de près de quatre octaves : de l'*ut* au-dessous des lignes de la clé de *fa* jusqu'au *la* au-dessus des lignes de la clé de *sol*.

Le violoncelle a été introduit, vers 1710, à l'orchestre de l'Académie de musique par J.-B. Struck, dit Batistin. Les frères Saint-Sevin, plus connus sous le nom de l'Abbé, Berteau et ses excellents élèves les frères Janson, L. Duport et Lamarre, se sont placés à la tête des violoncellistes français.

114. — Queues de violoncelle.

Ces deux queues de violoncelle sont d'Ant. Stradivarius. (*Don de J.-B. Vuillaume.*)

115. — Queue de violoncelle de Stradivarius.

L'attache, en corde de boyau, est du temps. (*Don de M. Eugène Gand.*)

116. — Sourdine de violoncelle.

Elle est de l'invention de J.-F. Bellon. Elle s'attachait à la queue du violoncelle, et le pied la faisait agir. (*Don de M. Eugène Gand.*)

117. — Contre-basse de viole (*violone*).

Cette contre-basse à 4 cordes, coupée à sifflet, est du célèbre Gaspard de Salo. Elle a été faite vers 1580, et réparée par M. Bianchi en 1851, avant d'appartenir à M. Boulart, puis à M. Faure. (*Don de M. Faure.*)

Il y a des contre-basses à 3, à 4 et même à 5 cordes. La plus usitée, en France et en Italie, est la contre-basse à 3 cordes, qu'on accorde par quintes : *sol* grave, *ré, la.* La contre-basse à 4 cordes, d'un usage général en Allemagne, s'accorde par quartes : *mi* grave, *la, ré, sol.* Celle à 5 cordes, que les Allemands emploient quelquefois, s'accorde ainsi, le plus souvent : *fa* grave, *la, ré, fa ♯, la.* — L'étendue générale de cet instrument est de deux octaves, au moins : de *sol* à *sol* pour la contre-basse à 3 cordes, et de *mi* grave à *sol* pour celle à 4 cordes.

118. — Octobasse.

Cet instrument, haut de 4 mètres, imaginé par J.-B. Vuillaume en 1849, et perfectionné par lui en 1851, est monté de 3 cordes (*ut, sol, ut*). Il a quatre notes au grave de plus que la contre-basse ordinaire.

Les dimensions de l'octobasse ont exigé l'invention d'un mécanisme spécial : au moyen de leviers, des doigts d'acier viennent se placer sur les cordes à la façon d'une barre, en sorte que l'exécutant, dans chaque position du doigt d'acier, a toujours à sa portée trois degrés, dont le deuxième est la quinte, et le troisième l'octave de l'autre. L'appareil des leviers est fixé au côté droit de l'instrument, et l'on agit sur les bascules à l'aide d'un pédalier.

Il n'existe plus qu'une octobasse comme celle-ci : elle est en Russie. (*Don de J.-B. Vuillaume.*)

119. — Rebec français.

Cet instrument de fantaisie est l'œuvre du très-habile et célèbre luthier J.-B. Vuillaume (Mirecourt, 7 octobre 1798 — Paris, 19 février 1875). Il l'a exécuté d'après une miniature de manuscrit du quatorzième siècle, qui lui appartenait. (*Don de J.-B. Vuillaume.*)

120. — Rebec grec.

Cette sorte de gigue est l'instrument dont se servent, pour accompagner leurs chants, les modernes rhapsodes de la Grèce. Les Orientaux appellent *kemangeh* ce violon à 3 cordes. (*Collection donnée par M. Victor Schœlcher.*)

121. — Trompette marine.

Le haut du manche est orné d'une tête de femme élégamment sculptée. Le corps de l'instrument forme un cône hexagone très-allongé, sur lequel est appliquée une table d'harmonie en sapin. (*Collection Clapisson.*)

La trompette marine, aujourd'hui hors d'usage, a figuré dans la musique des rois de France jusqu'au commencement du règne de Louis XVI. Elle n'a pas toujours été un monocorde, et le P. Mersenne, dans son *Harmonie universelle*, a fort bien expliqué la nature et la construction de cet instrument, ainsi que les diverses modifications qu'il a subies. Le chevalet, d'ordinaire, ne touche que d'un côté sur la table d'harmonie, et porte, de l'autre, sur un petit morceau carré de verre, d'ivoire ou de métal.

Molière, dans le *Bourgeois gentilhomme*, s'est spirituellement moqué de la trompette marine, dont le son était bruyant et non pas harmonieux, comme il le fait dire à M. Jourdain.

122. — Trompette marine.

Comme la précédente, elle est d'un grand modèle, mais le corps sur lequel repose la table d'harmonie ne présente que quatre pans. A cet instrument sont attachées des cordes vibrantes, tendues à l'intérieur, — particularité qu'on n'a jamais signalée. (*Collection de M. le Dr Fau.*)

II.

INSTRUMENTS A CORDES ET A ROUE, AVEC CLAVIER.

L'*organistrum* est le plus ancien des instruments montés de cordes que met en vibration une roue à manivelle. Le savant Gerbert a reproduit la figure de cet instrument. (V. *De Cantu et Musicâ sacrâ*, t. II, pl. xxxii.) Il ressemblait à une énorme guitare percée de deux ouïes et montée de trois cordes qui reposaient sur un double chevalet et vibraient sous l'action d'une roue à manivelle; huit touches mobiles, se relevant et s'abaissant à volonté au moyen de chevilles placées du même côté, le long du manche, y servaient de clavier. L'organistrum se posait sur les genoux de deux musiciens, dont l'un faisait mouvoir les touches, tandis que l'autre tournait la manivelle.

Dans la vielle, instrument de moins grande dimension que l'organistrum, les sons s'obtiennent à l'aide d'un clavier dont les touches, en s'enfonçant, pressent les cordes contre une roue enduite de colophane et qui fait fonction d'archet, par suite du mouvement de rotation plus ou moins rapide que lui imprime la manivelle.

Au moyen âge, et dès le onzième siècle, la vielle, qu'on nommait alors *chifonie,* était fort répandue en France. Cet instrument *truand,* longtemps abandonné aux aveugles et aux mendiants, fut accueilli favorablement à la cour de Henri III, et, sous Louis XIV, il mit en réputation Janot et La Roze. Mais c'est au dix-huitième siècle que la vielle a joui surtout dans notre pays d'une extrême faveur : la *Lettre de M. l'abbé Carbassus à M. de* *** sur *la mode des instruments de musique* (1739) ; la *Dissertation sur la vielle,* de l'abbé Terrasson, 1741 ; le *Mémoire sur la vielle* (*Mercure de France,* juin 1752 et octobre 1757), du virtuose Ch. Baton ; les succès de Denguy ; les portraits des vielleurs Michel Leclerc et Ch. Minart, gravés par Ingouf ; les sonates, les duos et autres morceaux pour la vielle composés par Baptiste, Boismortier, Chédeville, Ch. Baton, Buterne et Ravet ; les méthodes de vielle de François Bouin et de Michel Corrette ; bien d'autres documents encore, jusqu'au vaudeville de *Fanchon la vielleuse* (1803), nous rappellent quelle était la vogue de cet instrument au siècle dernier.

L'étendue du clavier de la vielle est de deux octaves : du *sol* à vide (clef de *sol* 2° ligne) au *sol* aigu. Les touches noires servent à faire les notes naturelles, et les touches blanches, à jouer les notes diésées ou bémolisées. L'instrument s'accorde presque toujours en *ut* ou en *sol.*

En 1716, Baton père, luthier établi à Versailles, fit des vielles avec d'anciennes guitares et, en 1720, il en monta sur des corps de luth et de théorbe. C'est lui qui ajouta le *mi* naturel et le *fa* d'en haut à cet instrument. Son fils Charles l'enrichit du *fa* ♯ à l'aigu ; du *la* et du *la b* au grave. (V. *Mercure de France,* septembre 1750, p. 153.) P. Louvet étendit le clavier jusqu'au *sol* aigu et contribua également aux progrès de la facture des vielles françaises.

Cet instrument aujourd'hui n'est plus joué en France que par des musiciens ambulants, enfants de la Savoie le plus souvent. Il en est de même en Italie, où la vielle s'appelle *lira rustica, ghironda ribeca* (rebec à roue), *stampella* et *viola da orbo* (viole d'aveugle); en Allemagne, où on la nomme *bauernleyer* (lyra rustica), et en Angleterre, où elle a reçu le nom de *hurdy-gurdy.*

123. — Vielle française.

Cette belle vielle, en bois orné de guirlandes gravées et de rosettes découpées à jour, date de la fin du seizième siècle. Elle est montée de 7 cordes : 2 chanterelles, une *voix humaine* et 4 bourdons. On compte 26 touches au clavier; elles sont toutes en bois. Instrument intact, mais sans nom d'auteur. (*Collection Clapisson.*)

124. — Vielle française.

Ce bel instrument du dix-septième siècle passe pour avoir appartenu à la princesse Adélaïde, fille de Louis XV. Il est en bois de citronnier et de buis; il est orné de dessins sculptés ou découpés à jour, et enrichi de médaillons en nacre, séparés les uns des autres par des turquoises. 5 chevilles, 12 touches en ivoire et 16 touches recouvertes de nacre. (*Collection Clapisson.*)

125. — Petite vielle française.

Ce charmant instrument, en bois peint, est orné d'une jolie tête sculptée dans le style de la Renaissance. Il est monté de 6 cordes, et le clavier se compose de 10 touches en ivoire et de 13 touches en bois pour les notes naturelles. Cette pièce n'est point signée. M. Fau la croit du seizième siècle; mais nous pensons que cette vielle, peinte et vernie de façon à imiter l'écaille, est contemporaine des succès de Boule et date de 1675 environ. (*Collection du Dr Fau.*)

126. — Vielle de P. Louvet.

Elle est en forme de luth, avec filets en bois de rose et de citronnier, et ornée d'une jolie tête en buis. A l'intérieur, elle porte cette étiquette : « Faite par Pierre Louvet, rue Montmartre, *à la Vielle royale.* Paris, 1747, juin. » 6 chevilles, 10 touches en ivoire et 13 en ébène. (*Collection Clapisson.*)

127. — Vielle française.

Cette grande vielle, en forme de luth, est de P. Louvet et porte un cachet armorié. Elle provient de la collection de Sergent, qui fut longtemps chef d'orchestre de l'ancien Cirque Franconi et organiste à Saint-Denis. 6 chevilles, 10 touches en ivoire et 13 en ébène. (*Collection de M. le Dr Fau.*)

128. — Vielle de Jean Louvet.

Comme la précédente, elle est en forme de luth, avec filets en bois de rose et de citronnier, et elle est ornée d'une tête sculptée en buis. 6 chevilles, 10 touches en ivoire et 12 en ébène. Cette vielle porte une étiquette manuscrite ainsi conçue : « Fait par Jean Louvet, rue de la Croix-des-Petits-Champs, près de la petite porte Saint-Honoré, à Paris, 1750. » Cet habile luthier était maître-juré comptable. (*Collection Clapisson.*)

129. — Vielle française.

Ce bel instrument, accompagné de sa clé en ivoire, est remarquable par sa forme guitare, par la richesse de sa marqueterie et par la coupe du fond, qui est bombé et à gouttières. Il porte le nom et la marque de fabrique de Lambert, le célèbre luthier lorrain qu'on avait surnommé *le Charpentier de la lutherie,* selon Fétis. 6 chevilles, 10 touches en ivoire et 13 touches en ébène. (*Collection de M. le D*r *Fau.*)

130. — Petite vielle de dame.

Ce joli instrument est l'œuvre de Delaunay, qui l'a fait à Paris, en 1775. Il a la forme d'une petite guitare et il est orné d'une jolie tête et d'incrustations d'une grande finesse. Sur la touche on remarque un élégant médaillon surmonté d'une couronne de vicomtesse et rempli par les initiales E. L. 6 chevilles, 10 touches en ivoire et 13 en ébène. (*Collection Clapisson.*)

131. — Vielle organisée.

Elle est à deux jeux, ornée d'une tête sculptée, et porte cette marque de fabrique, gravée au feu : « Bergé, à Toulouse, 1771. » (*Collection de M. le D*r *Fau.*)

132. — Petit modèle d'orphéon.

Cet instrument de musique a la forme d'un très-petit piano. Il est monté de 4 cordes en boyau qui résonnent au moyen d'une chaîne et d'une roue faisant fonction d'archet, comme la roue de la vielle.

Ce petit modèle est renfermé dans une boîte en forme de livre richement relié, aux initiales du duc Louis de Bourbon. Il date de 1765 environ. (*Collection Clapisson.*)

On ignore qui inventa l'orphéon ; mais cet instrument offre plus d'une analogie avec l'*orchestrino*, imaginé par Poulleau, en 1805.

III.

INSTRUMENTS A CORDES PINCÉES OU FRAPPÉES.

De tous les instruments à cordes, la harpe et la lyre sont vraisemblablement ceux qui remontent à la plus haute antiquité. Les monuments égyptiens nous apprennent que la harpe eut d'abord la forme d'un arc à 4 cordes, puis la forme triangulaire, avant de présenter les lignes élégantes que reproduit l'instrument moderne, doté, en plus, d'une colonne. Quant à la lyre, elle ne varia pas moins de forme que la harpe, et l'on y attacha depuis 3 jusqu'à 18 cordes. Les noms si différents qu'elle reçut chez les Grecs (*lyra, chelys, cithara, barbitos*) prouvent que, dans l'antiquité même, cet instrument avait de nombreuses variétés. Quoi qu'il en soit, et sans nous égarer ici dans le champ des hypothèses, il est aisé de reconnaître que toute la famille des instruments à cordes pincées ou frappées procède de la lyre et de la harpe.

Nous diviserons cette famille en deux branches principales : celle des instruments à manche et à sillet dont les cordes se pincent avec les doigts, avec une plume ou avec un plectre, et celle des instruments n'ayant point de manche dont les cordes se pincent avec les doigts ou se frappent avec un plectre.

Dans la première figurent deux instruments typiques : le luth et la guitare, qui semble avoir emprunté son nom à la cithare à manche des Grecs. La lutina, la mandore, la mandoline, le colachon, le théorbe et l'archiluth sont des variétés du luth. Le cistre ne participe du luth que par le nombre de ses cordes; mais il a le fond plat, comme la guitare. Le guiterron avait aussi le fond plat, le P. Mersenne le dit expressément. Si, comme il y a tout lieu de le croire, cet instrument n'est autre que le *chitarrone* des Italiens, ce serait donc à tort qu'au dix-huitième siècle Bonanni et autres écrivains auraient commencé d'appeler l'archiluth un guiterron (*chitarrone*).

Dans la seconde branche, nous distinguerons plus particulièrement la cithare horizontale, le psaltérion et le tympanon. Nous pensons que la cithare horizontale (sans manche) est un instrument beaucoup plus ancien qu'on ne le suppose généralement, et nous

ne serions point surpris qu'il rappelât encore par sa forme la cithare des Grecs. Ce qu'il y a de bien évident, c'est qu'en se combinant la cithare, le psaltérion et le tympanon ont donné naissance
a la famille des instruments à cordes métalliques et à clavier, dont
nous aurons à parler dans le chapitre suivant.

133. — Luth.

Cet instrument très-simple, mais intact et non restauré, est l'œuvre de
Johannes Seclos et date de 1699. Il a 19 chevilles. (*Collection de M. le
Dr Fau.*)

Le luth n'a eu d'abord que 6 rangs de cordes ; mais le Père Mersenne
nous apprend que, de son temps, cet instrument en avait 11, et que même
on a vu y mettre jusqu'à 15 ou 20 rangs de cordes, au risque de faire écla-
ter la table d'harmonie. Le manche était divisé en 9 touches, faites avec
des cordes de boyau. Voici l'accord des 11 rangs de cordes : *ut* (dans les
lignes de la clef de *fa*), *ré, mi, fa, sol, la, ré* (au-dessus des lignes), *fa, la,
ré, fa* (chanterelle). On pouvait accorder le luth diatoniquement, comme la
harpe ou l'épinette, quand on le montait de 15 cordes : alors les 12 plus
grosses cordes se touchaient à vide, et les 3 plus fines, *tant à l'ouvert que
sur le manche,* dit le P. Mersenne.

Parmi les ouvrages à consulter sur le luth et son histoire, nous citerons
seulement la Méthode de Perrine (1680) et le livre du célèbre luthiste Ern.-
Théophile Baron (1685-1760) qui est intitulé : *Historisch-theoretisch-und
practische Untersuchung des Instruments der Lauten.* Nuremberg. 1727.

134. — Luth.

Instrument monté de 21 cordes, plus riche que le précédent, mais un peu
moins ancien et habilement réparé. Le sillet est en ivoire, selon la règle
ordinaire, et il a aussi sa cheville de supplément. (*Collection de M. le
Dr Fau.*)

135. — Luth allemand.

Il est du célèbre luthier Sébastien Schelle et daté de Nuremberg, 1727.
Il a 24 chevilles, et la disposition de la cheville supplémentaire et des chevilles auxquelles s'attachent les cordes les plus basses mérite d'être remarquée. (*Collection Besse-Dumas.*)

136. — Théorbe allemand.

Le manche est orné de belles incrustations en ivoire gravé ; le fond est à
côtes avec filets d'ivoire. Cet instrument porte l'étiquette de Joachim Tielke,
de Hambourg, 16... Il a sans doute été réparé par Ant. Bachmann, établi

à Berlin en 1760, et par (nom illisible), en 1806, car tous les deux y ont apposé leur étiquette à la suite de celle de J. Tielke.

A la partie supérieure du manche on remarque 10 chevilles auxquelles s'attachent les cordes basses, et, au-dessous de la courbure du manche supérieur, 14 autres chevilles destinées à recevoir les cordes en laiton. (*Collection Clapisson.*)

On ne sait pas positivement de quelle façon s'accordait le théorbe, et, d'après les indications que donne le P. Mersenne, il est permis de supposer que chaque virtuose le montait selon sa plus grande convenance. Le nombre des cordes du luth et du théorbe rendait l'accord de ces deux instruments fort compliqué ; aussi Mattheson a-t-il dit plaisamment qu'un luthiste âgé de quatre-vingts ans en avait dû passer soixante à bien accorder son instrument.

137. — Théorbe.

Le manche en est finement sculpté. Pièce intacte et du dix-huitième siècle. 2 chevillers : 14 chevilles au premier et 10 à celui des cordes graves. (*Collection de M. le Dr Fau.*)

138. — Théorbe français.

Cet instrument à 3 chevillers, dont le fond est à côtes avec filets en bois de rose, a la table d'harmonie ornée d'une rosette au-dessous de laquelle on lit : Pique, à Paris. Dans l'intérieur du théorbe on a collé une étiquette manuscrite ainsi orthographiée :
« Picque, luthier, rue Coquillière, au coin de la rue du Bouloy, à Paris. 1779. »

139. — Théorbe français.

Il est de S.-B. Renault, monté comme le précédent, et orné d'une rosette d'un beau travail. (*Collection Clapisson.*)

140. — Décacorde français.

Cet instrument, qui appartient à la famille des théorbes, est l'œuvre de Caron, luthier ordinaire de la reine, établi rue Satory, à Versailles, en 1785, année où il le fabriqua. Outre l'étiquette manuscrite qui nous fournit ce renseignement, on lit encore : *Caron, à Versailles,* sur la table d'harmonie, qui est ornée d'une rosette aux initiales de Marie-Antoinette. La coquille et la forme du manche, ainsi que le mécanisme assez compliqué qui y est attaché, méritent de fixer l'attention des connaisseurs. (*Don de M. Chanteloup.*)

141. — Petit théorbe français.

Le fond est à côtes, forme de luth ; un joli filet borde la table et la rosette. 2 chevillers, l'un de 7 et l'autre de 4 chevilles. (*Collection de M. le Dr Fau.*)

142. — Théorbe à deux manches.

Ce petit modèle de théorbe à deux manches est assez élégant; il est d'origine française et moderne. (*Collection de M. le Dr Fau.*)

143. — Archiluth italien.

Ce bel instrument, avec coquille à côtes, est en ébène et orné de filets en ivoire. On compte 12 chevilles au premier cheviller, et il y en a 8 au cheviller des cordes basses. Une étiquette manuscrite et authentique porte que ce théorbe a été fait à Venise, en 1609, par Martin Kaiser. (*Collection Clapisson.*)

144. — Archiluth.

Ce superbe instrument en ivoire, avec filets d'ébène, a 13 chevilles au premier cheviller et 12 chevilles au cheviller des cordes graves. Le manche en est orné d'ivoires gravés de la plus grande beauté, représentant des Amours et des instruments de musique. Sur la touche on remarque d'autres plaques finement gravées : au centre, un écusson aux armes d'Autriche ; à gauche, un médaillon tenu par deux enfants et décoré du portrait d'un jeune et beau cavalier ; à droite, un paysage dont le centre est occupé par l'Hélicon ou le Parnasse, avec cette devise : *Non omnes*, qui, sans doute, était celle du virtuose de la cour impériale à qui ce riche archiluth appartenait. Pièce de la première moitié du dix-septième siècle. (*Collection Clapisson.*)

145. — Archiluth italien.

Ce très-bel instrument, à manche réduit, est de Matteo Sellas. La caisse, en ivoire et ébène, est à côtes. Le premier cheviller porte 13 chevilles, et le cheviller supérieur 8 chevilles, toutes en ivoire. Le manche est enrichi d'arabesques, et l'on remarque sur la touche des plaques gravées avec finesse.

L'étui de cet archiluth est garni d'énormes clous de cuivre à tête bombée et marqué de ces deux initiales : F. D. (*Collection de M. le Dr Fau.*)

146. — Archiluth italien.

Ce magnifique instrument est de Matteo Sellas. La marqueterie d'ivoire sur ébène et les belles plaques d'ivoire gravé disposées dans la longueur du manche méritent d'être remarquées. On compte 12 chevilles au premier cheviller, et le cheviller des cordes graves en a 16. (*Collection de M. le Dr Fau.*)

147. — Archiluth.

Ce très-bel instrument, à filets d'ivoire, est de Matteo Sellas et porte sa marque : *alla Corona*. La volute du manche est fort élégante. Le premier cheviller compte 12 chevilles; il n'y en a que 4 au cheviller supérieur. (*Collection de M. le D*r *Fau.*)

148. — Archiluth.

Il est à filets d'ivoire et à tête en crosse. Le premier cheviller compte 6 chevilles, et il y en a 8 au cheviller des cordes graves. Au centre de la rose découpée on remarque un lion, et sur la table d'harmonie une ancre double qui servait de marque de fabrique à l'auteur, sans doute vénitien, de ce bel instrument. (*Collection de M. le D*r *Fau.*)

149. — Archiluth.

Ce très-élégant instrument, à corps de mandoline, est en marqueterie de bois sur ivoire. On compte 11 chevilles au 1er de ses chevillers et 8 au cheviller des cordes graves. Il est enrichi sur la touche d'un grand nombre de plaques d'ivoire gravé. La crosse du manche porte le nom du luthier Cristofero Cocko, dont l'étiquette autographe est ainsi conçue : Christopher Cocks. *All' insegna dell' Aquila d'oro*. Venetia, 1654. La table est ornée d'une jolie rosace sculptée, au centre de laquelle se dessine un aigle à deux têtes. (*Collection de M le D*r *Fau.*)

150. — Archiluth à cinq chevillers.

Cet instrument, d'une extrême rareté, est surtout remarquable par la largeur de son manche et par la disposition des chevillers. Le premier cheviller compte 14 chevilles; les trois qui sont placés au-dessus en ont chacun 4; le cheviller supérieur n'en a plus que deux. Cette belle pièce a été faite à Venise, mais n'est point signée. Elle date du dix-septième siècle. (*Collection de M. le D*r *Fau.*)

151. — Mandoline italienne.

Elle est en ivoire, avec filets en ébène. La tête mérite d'être remarquée, Ce bel instrument date du dix-septième siècle et se monte à l'aide de 7 chevilles placées sur les côtés du manche : une pour la chanterelle, 2 pour le *la*, 2 pour le *ré* et 2 pour le *sol*. (*Collection Clapisson.*)

Les mandolines se peuvent diviser en deux classes principales : la mandoline napolitaine (*mandolino*) ou mandoline-violon montée de 4 doubles cordes s'accordant ainsi : *sol* (corde filée), *ré* (corde en cuivre), *la* (corde en acier), *mi* (corde en boyau); et la mandoline milanaise ou mandoline-guitare, montée de 6 cordes doubles dont voici l'accord : *sol, si, mi, la, ré, mi.* — C'est pour la mandoline napolitaine que Grétry a écrit l'accompagnement de la sérénade de l'*Amant jaloux* et Mozart celui de la sérénade de *Don Giovanni.* — Les cordes de la mandoline se pincent avec une plume, et, pour préserver la table d'harmonie des égratignures de cette plume, les luthiers ont imaginé de la décorer d'une plaque en écaille placée au-dessous de la rosette.

La mandoline a près de trois octaves d'étendue : du *sol* au-dessous des lignes de la clef de *sol* jusqu'au *mi* au-dessus des lignes. Elle ne se doit pas confondre avec la mandore ou mandole, espèce de petit luth à coquille pansue et à manche court, qui avait 16 cordes de boyau, accordées par paires à l'unisson. La *pandura* des Napolitains différait peu de la *mandola* : elle était seulement plus grande et montée de 8 cordes en laiton qui se pinçaient avec un bec de plume. Il ne faut pas non plus confondre la *pandura* napolitaine avec la pandore anglaise ; celle-ci était montée de 12 cordes en laiton et avait le fond plat, comme le cistre et la *bandurria* des Espagnols.

Parmi les méthodes de mandoline, nous citerons seulement celles de Fouquet (Fouchetti) et de Leone.

152. — Bandurria.

Cette mandoline espagnole, en marqueterie et montée de 6 doubles cordes, diffère de la mandoline milanaise en ce qu'elle a le fond plat, comme la guitare. (*Collection de M. le D* Fau.*)

153. — Mandoline napolitaine.

Ce joli instrument, à 4 cordes doubles, est enrichi d'ivoires gravés. (*Collection de M. le D* Fau.*)

154. — Mandoline napolitaine.

Cet élégant instrument, attribué à Stradivarius (1715), mais qui n'est pas, selon nous, de cet illustre luthier, est enrichi d'une belle marqueterie en nacre de perle. (*Collection Clapisson.*)

155. — Mandoline napolitaine.

Elle est à côtes et ornée de riches incrustations en écaille et en nacre de perle. On remarque des instruments de musique, finement gravés, sur le médaillon voisin de la rosette. (*Collection Clapisson.*)

156. — Mandoline italienne.

Elle est à côtes, ornée des plus riches incrustations en nacre de perle et d'une couronne royale. La tête des 13 chevilles de cette mandoline milanaise est enrichie d'une pierre imitant le diamant. (*Collection Clapisson.*)

157. — Mandoline milanaise.

Cet instrument, d'une grande finesse de travail, est enrichi d'incrustations en nacre. (*Collection Clapisson.*)

158. — Mandoline milanaise.

Ce petit modèle de mandoline-guitare, à 6 cordes doubles, est l'œuvre de Joseph Molinari, et daté de Venise, 1762. Le fond de cette belle pièce est à côtes, en ivoire et en ébène ; la table est décorée d'une charmante rosace sculptée. (*Collection de M. le Dr Fau.*)

159. — Mandoline napolitaine.

Ce beau spécimen de mandoline à 4 cordes doubles est dû à Joseph Molinari ; il a fait cet instrument à Venise, en 1763. (*Collection de M. le Dr Fau.*)

160. — Mandoline milanaise.

Elle est à côtes, en bois de rose, et le manche à volute carrée est orné d'incrustations en nacre et en ivoire. Cette mandoline élégante est l'œuvre du luthier bolonais Jean-Joseph Fontanelli, qui l'a terminée au mois de septembre 1771. (*Collection Clapisson.*)

161. — Mandoline milanaise.

Elle est de la même forme et du même genre de travail que la précédente. J.-Jos. Fontanelli l'a faite en 1772. (*Collection Clapisson.*)

162. — Petite bandurria.

La partie supérieure du manche et la disposition oblique de plusieurs des degrés en cuivre sont à remarquer. (*Collection Clapisson.*)

163. — Guitare vénitienne en marqueterie.

La table de ce bel instrument est décorée dans le goût persan, mais les armes de la maison d'Autriche couronnent cette riche marqueterie. Le manche est orné de peintures très-fines, représentant des instruments de musique. Cette pièce paraît être de la fin du seizième siècle. (*Collection Clapisson.*)

La guitare, dont l'origine est fort ancienne et orientale, s'appela d'abord *guiterne*. Depuis le onzième siècle, époque où elle était déjà répandue en France, elle a subi diverses modifications. Pendant longtemps, elle n'eut que 4 rangs de cordes : celui de la chanterelle était simple et les 3 autres étaient doubles. Le manche de l'instrument, ainsi monté de 7 cordes, était alors divisé en 8 touches. On fit ensuite des guitares à cinq rangs de doubles cordes, qui s'accordaient ainsi : *ré, sol, ut, mi, la.* Ces 10 cordes se réduisaient parfois à 9, parce que certains guitaristes préféraient n'en mettre qu'une à la chanterelle. Depuis le milieu du dix-huitième siècle, la guitare a 6 cordes ; maintenant 3 de ces cordes sont en boyau et les 3 autres en soie filée d'argent. En voici l'accord : *mi* (au-dessous des lignes de la clef de *fa*), *la*, *ré*, *sol*, *si*, *mi*. L'étendue de l'instrument est de trois octaves : de *mi* à *mi*. On n'emploie la guitare que pour accompagner le chant, et, bien qu'elle se marie mieux à la voix de soprane qu'à celle du ténor, résonnant à la même octave que la partie du chanteur, Rossini l'a introduite dans la sérénade du *Barbier* et Donizetti dans celle de *Don Pasquale*.

On a publié une grande quantité de Méthodes de guitare. Les deux plus anciennes sont intitulées : *El Maestro*, par L. Milan, Valencia, 1534, et *Libro de cifra para tener vihuela*. Ce dernier ouvrage est de D. Pisador ; il forme aussi un in-folio et date de Salamanca, 1552.

En 1773, Van Hecke ou Vaneck inventa une guitare à 12 cordes qu'il appela *bissex* et publia une méthode pour apprendre à jouer de cet instrument.

164. — Guitare en ivoire gravé.

Cette guitare française, décorée d'une rosette élégante, est de la première moitié du dix-septième siècle. Elle a les éclisses enrichies d'une suite curieuse de sujets de chasse. Sur le manche on voit des personnages jouant de divers instruments ; au-dessous de ces figurines, on remarque un médaillon avec fleurs de lis que couronne cette inscription : *G.-C. fecit. (Collection Clapisson.)*

165. — Guitare du dix-septième siècle.

Elle est montée de dix cordes et date du temps de Louis XIII. La marqueterie en est remarquable et enrichie de pierres dures de deux couleurs. *(Collection Clapisson.)*

166. — Guitare du dix-septième siècle.

Elle est en ivoire gravé et ornée de filets en bois de rose. Les sujets mythologiques du fond et des éclisses sont finement exécutés. *(Collection Clapisson.)*

167. — Guitare du dix-septième siècle.

Cette belle guitare à 10 cordes est ornée de sculptures en ivoire d'un très-beau travail. Le modèle des chevilles est d'une grande élégance ; le haut du manche présente la forme d'une coquille, et le bas de la touche porte un médaillon rempli par ces deux lettres initiales : J. L. Le fond de cette pièce, parfaitement conservée, est à côtes et à filets d'ivoire. *(Collection Clapisson.)*

168. — Guitare italienne.

Elle est du dix-septième siècle. Le fond et les éclisses sont en ébène et en ivoire, formant une riche marqueterie ; le manche, le médaillon de la rosette et la queue sont également enrichis d'une marqueterie en ivoire et en ébène.

169. — Guitare en écaille.

Cette riche et curieuse guitare, montée à 6 cordes, est l'œuvre de Voboam, habile luthier qui était établi à Paris en 1693. Le fond de cet instrument a la forme d'une carapace de tortue ; la tête, les pattes et la queue de l'animal sont en émail. (*Collection Clapisson.*)

170. — Guitare en marqueterie formant damier.

Cet instrument, qui date du règne de Louis XIV, est enrichi d'une marqueterie en ivoire, ébène et bois de rose. (*Collection Clapisson.*)

171. — Guitare italienne à doubles côtes.

La rosette de cette guitare, à 10 cordes et à côtes d'ivoire et d'ébène, mérite une mention particulière. (*Collection Clapisson.*)

172. — Guitare française.

Le fond et les éclisses sont en écaille avec fleurs de lis en nacre de perle. Ce bel instrument est de Boivin, qui l'a fait à Paris, en 1749, pour une fille de Louis XV. Ce luthier demeurait alors rue Tiquetonne, et son enseigne portait : *A la Guitare royale.* (*Collection Clapisson.*)

173. — Guitare en marqueterie (style Louis XVI).

La marqueterie, en ivoire et en ébène, forme un dessin élégant. Le manche se termine par un nœud de ruban très-habilement exécuté. Sur la table d'harmonie, au milieu des ornements du cordier, on remarque les initiales : *G. C.* Cet instrument a été donné par le célèbre guitariste Ferdinand Carulli (Naples, 1770 — Paris, 1841) à son fils Gustave, pour lequel il a composé sa méthode de guitare. (*Collection Clapisson.*)

174. — Guitare française.

Elle est de Renault et Chastelain. (*Don de M. Lardin.*)

175. — Guitare italienne en marqueterie.

Cette guitare est remarquable par l'élégance de sa forme, par le style grec de sa marqueterie et par l'exécution de sa belle rosette en ivoire sculpté. Francesco Silvestri, originaire de Vérone, l'a faite en 1808. (*Collection Clapisson.*)

176. — Lyre-guitare du dix-huitième siècle.

Ce bel instrument, sculpté et doré, appartient à l'époque de Louis XVI. Il est monté de 9 cordes, et les 4 plus graves sont recouvertes d'un fil de laiton. (*Collection Clapisson.*)

177. — Lyre-guitare de Fabry-Garat.

Cet instrument, sorti des ateliers d'Ignace Pleyel, en 1809, est orné de ravissantes figurines de Girodet. Le ténor Fabry-Garat, frère consanguin et élève du célèbre chanteur J.-P. Garat, y a fait inscrire son nom. Il chantait fort agréablement et il a composé des romances qui ont obtenu beaucoup de succès. (*Collection Clapisson.*)

178. — Guitare de Paganini et de Berlioz.

Cette excellente guitare, œuvre de Grobert (Mirecourt, 1794-1869), a été prêtée à Paganini par J.-B. Vuillaume, pendant le second séjour que fit à Paris l'illustre violoniste génois. J.-B. Vuillaume donna ensuite cet instrument à Hector Berlioz, qui était guitariste et professait une vive admiration pour le talent de Paganini. — La guitare de Paganini (1784-1840), devenue celle de Berlioz (1803-69), porte la signature de ces deux célèbres musiciens. (*Don de H. Berlioz.*)

179. — Harpe-lyre.

Cet instrument, inventé en 1827 par Salomon, professeur de guitare établi à Besançon, est monté de 21 cordes réparties sur trois manches. Les cordes du manche du milieu sont celles de la guitare à 6 cordes et s'accordent de la même manière. Un des deux autres manches porte 7 cordes filées, et le troisième manche 8 cordes en boyau : ces 15 cordes, ajoutées à celles de la guitare ordinaire, donnaient à l'instrument une étendue de quatre octaves et demie, et permettaient d'obtenir des effets nouveaux.

180. — Harpe-lyre.

Elle est, comme la précédente, ornée d'incrustations en nacre finement exécutées.

L'inventeur de cet instrument, Salomon, ne prit son brevet qu'en 1829. — Il s'est évidemment inspiré de la *lyre organisée* que Le Dhuy, facteur à Coucy-le-Château, imagina en 1806.

181. — Balalaïka.

Cette guitare russe, achetée à la vente Soltikoff, est en marqueterie et montée de 3 cordes. (*Collection de M. le Dr Fau.*)

182. — Balalaïka.

Type ordinaire de la guitare dont jouent les paysans russes. (*Don de M. Pillaut.*)

183. — Cistre italien.

Il en faut remarquer le chevillage sur le manche, qui est d'une rare élégance. Jolie tête sculptée. Le fond plat est à filets, forme coquille, et l'on y lit, gravé au fer chaud : *D. P. Jovanni Salvatori*; mais ce n'est pas à ce luthier, c'est à Maggini que nous attribuons cette pièce ravissante. M. Viollet-le-Duc l'a dessinée dans son *Dictionnaire du mobilier français*, t. II, p. 281. (*Collection de M. le Dr Fau.*)

Le cistre, qu'au moyen âge on nommait *cithre*, par corruption du mot cithare, est un instrument fort ancien et qui a une forme particulière. La largeur des éclisses va toujours en diminuant depuis la partie du fond à laquelle s'adapte le manche, divisé en 18 touches, jusqu'à l'autre extrémité, où s'attache le cordier. Les cordes sont généralement en laiton et se pincent avec un petit bout de plume, comme celles de la mandore et de la mandoline. Le nombre en a varié : on en mettait d'ordinaire quatre rangs aux cistres français, et trois de ces rangs avaient chacun 3 cordes à l'unisson, tandis que l'autre rang n'en avait que 2. Ces quatre chœurs de cordes s'accordaient ainsi : *ré* (clef de *sol*, deuxième ligne), qui était la chanterelle, *ut, sol, la*. — Les Italiens mettaient le plus souvent 6 doubles cordes à leurs cistres, et quelquefois ils montaient cet instrument de neuf ou dix rangs de doubles cordes. Voici, d'après le P. Mersenne, l'accord du cistre italien à 6 rangs de cordes : *la* (clef d'*ut* deuxième ligne), *sol, ut, mi, fa, ré*. Il forme mélodie. — Nous croyons que l'accord a souvent varié ; mais l'instrument avait toujours une étendue de trois octaves.

184. — Cistre italien.

Il est à filets en ivoire, orné d'une rosette fort belle et à six rangs de doubles cordes, comme le précédent. Cette pièce remarquable date du dix-septième siècle. (*Collection Clapisson.*)

185. — Cistre anglais.

Il est marqueté, et le manche, sculpté, est orné d'une belle tête. 9 chevilles pour 4 rangs de doubles cordes et pour la seule corde du 5me rang. Cet instrument est l'œuvre de Jones Bocker, qui l'a fait à Londres, en 1700. M. Viollet-le-Duc en a donné le dessin dans son *Dictionnaire du mobilier français*, t. II, p. 280. (*Collection de M. le Dr Fau.*)

186. — Cistre en fer.

La tête, la touche, la rosette et la queue de cet élégant instrument sont en cuivre finement découpé et gravé. (*Collection Clapisson.*)

187. — Cistre anglais.

Il est orné d'une belle rose dorée et à 6 rangs de doubles cordes. (*Collection de M. le Dr Fau.*)

188. — Cistre français.

Il est à 5 rangs de cordes doubles, enrichi d'incrustations en ivoire et en ébène, avec le fond en bois de rose à filets d'ivoire et d'ébène. Gérard Deleplanque a fait cet instrument en 1768. L'étiquette, imprimée, nous apprend que ce facteur était établi à *Lille, Grande Chaussée, au coin de celle des Dominicains.* (*Collection Clapisson.*)

189. — Cistre français.

Cet instrument, d'un bon modèle, est à fond bombé, et e manche est orné d'une tête sculptée. OEuvre d'Hénocq, qui l'a fait en 1769. Ce maître luthier demeurait alors à Paris, rue de Seine, faubourg Saint-Germain. (*Collection de M. le Dr Fau.*)

190. — Cistre.

Il est de S.-B. Renault et orné d'incrustations en nacre de perle. La forme du manche mérite d'être remarquée, et les 11 chevilles en fer, qu'on tourne avec une clef, servent à monter 4 chœurs de cordes en laiton et 3 cordes filées en argent.

191. — Cistre-luth.

Ce bel instrument, d'une forme élégante, mais inusitée, puisqu'il est à coquille, comme un luth, et non à dos plat, comme un cistre, est monté de 5 rangs de doubles cordes. Le manche, très-long, est orné d'une tête sculptée, et l'on remarque trois fleurs de lis dorées au milieu de la rosace. (*Collection de M. le Dr Fau.*)

192. — Cistre-théorbe français.

Ce cistre à rouet, par la disposition de son manche et de ses 9 cordes basses, se rapproche du théorbe. Il est à regretter que le luthier du dix-huitième siècle qui a fait cet instrument de fantaisie n'y ait pas inscrit son nom. (*Collection Clapisson.*)

193. — Cistre-théorbe français.

Ce cistre-théorbe marqueté a sa cheville de supplément et un manche à double cheviller d'un seul morceau. Le 1er cheviller a 11 chevilles; celui des cordes graves en a 5. Instrument du dix-huitième siècle. (*Collection de M. le Dr Fau.*)

194. — Cistre-théorbe.

Cet instrument est de S.-B. Renault, qui l'a fait en 1785. Il est à fond plat, mais il a 2 chevillers, l'un de 11 et l'autre de 5 chevilles. L'étiquette intérieure porte cette adresse commerciale : *Renault et Chastelain, rue de Braque, au 1er, au coin de la rue Sainte-Avoye, à Paris. (Collection Clapisson.)*

195. — Harpe française.

Cette harpe, à simple mouvement, dont la console et la colonne sont en bois sculpté et doré, date de la Régence. Elle ne porte point de nom de facteur. (*Collection Clapisson.*)

Connue dès la plus haute antiquité, la harpe, dont le nom moderne se rencontre pour la première fois dans le poëme de Fortunatus (1), a d'abord été un instrument de petites dimensions, qui se pouvait poser sur les genoux. Jusqu'au dix-septième siècle, on n'obtenait sur la harpe que des intervalles diatoniques. Les tentatives des facteurs tyroliens amenèrent, en 1720, le Bavarois Hochbrucker, luthier de Donauworth, à construire des harpes qui eurent d'abord 5, puis 7 pédales élevant chaque note diatonique d'une gamme quelconque d'un demi-ton. En France, Naderman père et Cousineau perfectionnèrent ce système. Enfin, Sébastien Érard, après avoir construit des harpes *à fourchettes* (1790), imagina, en 1810, les harpes *à double mouvement*, qui furent encore perfectionnées par Pierre Érard.

Le nombre des cordes de la harpe a varié beaucoup : à la fin du dix-septième siècle, l'étendue de cet instrument n'était encore que de 4 octaves : de l'*ut* au-dessus des lignes de la clef de *fa* à l'*ut* au-dessus des lignes de la clef de *sol*. A présent, la harpe porte 46 cordes et comprend une échelle de 6 octaves : du second *ut* grave au-dessous des lignes de la clef de *fa* jusqu'au second *fa* des lignes additionnelles (clef de *sol*). — Il existe un grand nombre de méthodes pour apprendre à jouer de la harpe : celles de Cousineau, de G.-P.-A. Gatayes, de Pollet, de Bochsa, de Desargus, de Naderman, de Dizi, de Théod. Labarre et de Prumier sont les plus connues.

196. — Harpe française.

Cette harpe, ornée de riches sculptures et de fleurs en relief, est du facteur Holtzman, établi à Paris sous le règne de Louis XV. Elle est à simple mouvement et à sabots, comme toutes les harpes de ce temps-là. (*Collection Clapisson.*)

(1) *V.* Fortunat., lib. VII. 8.

197. — Harpe française.

C'est la harpe de l'infortunée princesse de Lamballe. Ce riche instrument, dont le vernis Martin est admirable, a été décoré de peintures d'une grande finesse par Vien et Bachelier. (*Collection Clapisson.*)

198. — Harpe française.

C'est une des deux harpes magnifiques que Naderman père exécuta, en 1780, pour la reine Marie-Antoinette. Elle est à crochets, système auquel le nom de Naderman reste attaché. La table de cet instrument est ornée de peintures remarquables; la colonne passe avec raison pour un chef-d'œuvre de sculpture. Les clefs sont garnies de cailloux-diamants. (*Don de Mme la baronne Dornier.*)

199. — Harpe française.

Cette harpe, d'une forme originale, est de P.-Jos. Cousineau (Paris, 1753-1824). Harpiste de l'Académie, de 1788 à 1812, luthier de la reine Marie-Antoinette, P.-J. Cousineau imagina, dès 1782, de fabriquer des harpes avec un double rang de pédales, afin de moduler facilement dans tous les tons. Il a puissamment contribué, de même que Sébastien Erard, aux progrès de la construction de cet instrument, et on lui doit une mécanique de harpe à plans inclinés, à laquelle son nom est resté attaché.

200. — Harpe française.

Cette harpe est remarquable par son état de conservation et par ses riches sculptures. La table est ornée de peintures délicieuses, et la belle cariatide dorée qui embellit la console mérite une mention spéciale. Cet instrument porte le nom de son auteur et cette adresse : *Zimmerman, rue Xaintonge, n° 41, à Paris.* (*Collection de M. le Dr Fau.*)

201. — Petit modèle de harpe.

Il est sculpté et doré. (*Collection Clapisson.*)

202. — Harpe double.

Elle a la forme d'une lyre, et elle est en bois verni avec filets dorés. Elle est montée de 19 cordes de chaque côté, et des boutons placés à la portée de la main y tiennent lieu de pédales, élevant ou abaissant comme celles-ci les cordes d'un demi-ton. On voit par là que cet instrument, sans doute d'origine anglaise, se rapproche de la *harpe ditale,* imaginée au commencement de ce siècle par Edward Light, qui inventa en 1798 la harpe-uth.

203. — Arpanetta.

L'une des tables d'harmonie est ornée d'une peinture représentant

Apollon et Marsyas, et la figure du dieu de la musique rappelle les traits du roi Louis XIII ; sur l'autre côté, on a peint *David et Saül.*

Cet instrument, à double table d'harmonie, participe de la harpe et du psaltérion. Les Allemands le nomment *Spitzharfe* (harpe pointue) ou encore *Davidsharfe,* bien qu'il soit plus que douteux que la harpe du roi David eût cette forme. Les anciens auteurs français appellent l'*arpanetta* des Italiens une *rote* ; mais la rote ordinaire était montée de cordes en boyau, de même que la harpe, tandis que la petite rote avait des cordes métalliques et se jouait avec des griffes en argent qui se passaient aux doigts, comme un dé.

204. — Bûche.

Elle est de Fleurot, établi au Val d'Ajol. (*Collection donnée par M. V. Schœlcher.*)

Cet instrument, connu aujourd'hui sous le nom d'épinette des Vosges, avait autrefois la forme arrondie d'une bûche. C'est le premier type de la cithare horizontale des temps modernes. On en joue maintenant en pinçant les cordes avec une plume ; mais autrefois on se servait du pouce de la main droite pour pincer les cordes graves, et, de la main gauche, on frappait avec un petit bâton la corde supérieure, affectée à la mélodie.

205. — Épinette des Vosges.

Elle ne porte pas de marque de fabrique.

206. — Cithare autrichienne.

Cette petite cithare horizontale est montée de 21 cordes seulement. (*Collection donnée par M. V. Schœlcher.*)

Depuis fort longtemps cette espèce d'instrument, que les Allemands appellent *Schlagzither,* jouit d'une grande faveur en Bavière, en Bohême, en Autriche, en Styrie et dans le Tyrol ; on ne peut donc pas le considérer comme moderne, mais c'est depuis la seconde moitié du dix-huitième siècle qu'on en a perfectionné la construction. Le nombre des cordes varie beaucoup ; on en compte 30, le plus souvent ; les 4 placées sur la touche servent à jouer les mélodies, et les autres à dessiner l'accompagnement.

207. — Tympanon italien.

Ce riche instrument, en bois sculpté et doré, est orné de peintures et de glaces. Une émeraude décore le centre des rosettes. Style du temps de Louis XIV. (*Collection Clapisson.*)

Il ne faut pas confondre cet instrument avec le *tympanon* des Grecs et des Romains, qui était un tambourin. Le tympanon moderne est de forme trapézoïde, comme le *santir* des Persans, et monté de cordes métalliques qui se frappent avec deux petits plectres. Le plus souvent on mettait 2 cordes à l'unisson pour chaque note. L'étendue du tympanon anglais (*dulcimer*) était ordinairement de 3 octaves, mais qui n'offraient que les intervalles de la gamme diatonique ; en Allemagne, au siècle dernier, le tympanon (*hackbret*) était déjà accordé chromatiquement. Cet instrument n'est plus répandu qu'en Hongrie et en Transylvanie.

208. — Tympanon italien.

Cet instrument, d'une grande richesse, est orné de peintures, de rosaces embellies de turquoises et de glaces en verre de Venise. Époque de Louis XIV. (*Collection Clapisson.*)

209. — Tympanon français.

La table d'harmonie est ornée de peintures décoratives qui rappellent le style de Claude Gillot (1673-1722). (*Collection Clapisson.*)

210. — Tympanon allemand.

Ce riche instrument, orné de peintures et muni de ses deux plectres d'ivoire, date de la première moitié du dix-huitième siècle. Sur le couvercle on a peint un damier. (*Collection de M. le D*r *Fau.*)

211. — Tympanon français.

La table d'harmonie est décorée de peintures à l'huile représentant des fleurs et des oiseaux. Le couvercle de la caisse qui renferme l'instrument est garni d'une glace. (*Collection Clapisson.*)

212. — Tympanon.

Les côtés de la caisse sont en laque de Chine du dix-septième siècle, mais l'instrument est bien plus moderne. (*Collection Clapisson.*)

213. — Tympanon hongrois.

Ce bel instrument moderne, qu'on a fort remarqué à l'exposition de Vienne (1873), est du facteur V.-J. Schunda, établi à Bude-Pesth. La sonorité en est puissante. (*Don de M. Jos. Herzfeld, de Vienne.*)

214. — Grand psaltérion.

Il est du célèbre facteur de clavecins Pascal Taskin (Liége, vers 1730 — Paris, 1793) qui fut *garde des instruments du roi* depuis 1781 jusqu'à 1790. De jolies peintures en décorent la table d'harmonie. Le mécanisme en est fort ingénieux ; les cordes sont en boyau.

On ne sait pas exactement quelles étaient la forme et la nature du psaltérion antique, mais l'abbé Gerbert (V. *De Cantu et Musicâ sacrâ*) nous a transmis l'image d'un psaltérion carré et d'un psaltérion triangulaire du neuvième siècle. Puis, au châssis qui laissait vide l'espace traversé par les cordes, on substitua une caisse plate formant corps sonore et percée d'ouïes, comme celle du tympanon. Au douzième siècle, la forme et les proportions du psaltérion ont encore varié. L'exécutant fixait ou suspendait devant lui l'instrument, et il en attaquait les cordes métalliques des deux mains, avec les doigts ou avec un plectre. Au seizième siècle, le psaltérion n'était guère estimé, selon le dire de Prætorius ; depuis lors, on n'en construisit plus avec des cintrages élégants et légers.

IV.

INSTRUMENTS A CORDES MÉTALLIQUES ET A CLAVIER.

Le psaltérion et le tympanon, en se combinant avec l'antique monocorde, ont donné naissance au clavicythérium, au manicorde, à la virginale, à l'épinette, au clavecin et, finalement, au piano, c'est-à-dire à toute la famille des instruments à cordes métalliques et à clavier.

Luscinius, dans sa *Musurgia* (1536), a donné le dessin du *clavicytherium,* sorte de cithare à clavier, et il a reproduit la figure de l'ancien clavicorde, que les écrivains du moyen âge nommaient manicorde ou manicordion (en latin *monochordium*). Cet instrument, en usage dès le douzième siècle, était de forme carrée et monté d'une seule corde par note. Une languette de cuivre attachée à l'extrémité de chaque touche du clavier et placée au-dessous de la corde qu'elle était appelée à diviser mathématiquement, en formait tout le mécanisme. Ces languettes de cuivre avaient l'inconvénient de ne point laisser les cordes vibrer librement : on les remplaça par un mécanisme moins simple, mais plus satisfaisant au point de vue de la justesse des sons. Ce nouveau mécanisme consistait en languettes à ressort fixées dans la partie supérieure de petits morceaux de bois minces et plats, nommés *sautereaux ;* on arma chaque languette d'un bec de plume destiné à pincer la corde, et l'on garnit le bord des sautereaux d'un petit morceau de drap, afin d'étouffer la vibration des cordes. Ce mécanisme est celui de deux instruments qui ne différaient que par la forme : de la *virginale,* qui était carrée, et de l'*épinette,* qui ressemblait, dans sa caisse quasi triangulaire, à une harpe couchée horizontalement sur une table d'harmonie.

Le clavecin, à vraiment parler, n'est qu'une épinette agrandie : dès le principe, il eut deux cordes à l'unisson pour chacune de ses 45 notes et des cordes aussi longues que celles des pianos à queue, dont la forme, d'ailleurs, est imitée de la sienne. Vers la fin du seizième siècle, Hans Ruckers, le menuisier d'Anvers, commença de construire des clavecins à double clavier, et il donna à ses instruments une sonorité plus éclatante et plus forte en ajoutant aux deux cordes à l'unisson un 3ᵉ rang de cordes plus fines et plus courtes que les autres et accordées à une octave au-dessus, — ce qui permit de faire entendre trois cordes sur un clavier et une seule corde sur l'autre, et de varier par là les effets de sonorité. Il porta en outre l'étendue du clavier à 4 octaves, d'*ut* à *ut,* et employa des cordes de cuivre pour les notes graves et des cordes d'acier pour les sons aigus. Vers 1620, Rigoli, de Florence, imagina le clavecin vertical, perfectionnement du clavicorde vertical, inventé cent ans auparavant. Dans cet instrument, les sautereaux tenaient au clavier; ce genre de mécanique est peu favorable à la vibration des cordes.

A la fin du dix-septième siècle, selon J.-P. Pinaroli, don Gioseppe Mendini (Joseph Mondini, d'Imola?) se fit avantageusement connaître par ses clavecins montés sur des pieds et ses clavecins portatifs. De son côté, Marius, en 1700, produisit son *clavecin brisé,* qui se composait de trois parties se repliant l'une sur l'autre, et, en 1716, il soumit à l'approbation de l'Académie des sciences quatre *clavecins à maillets.* Cinq années auparavant, en 1711, Bartolommeo Cristofori avait exposé à Florence un clavecin où les sautereaux étaient remplacés par des marteaux, et, en 1717, Schrœter construisit un clavecin dont le mécanisme permettait aussi de jouer *piano* ou *forte,* à la volonté de l'exécutant. Cet essai de Schrœter fut perfectionné plus tard par Godefroid Silbermann (1683-1753) qui contribua puissamment à répandre le piano en Allemagne.

Mais les inventions ingénieuses de Cristofori, Marius et Schrœter et la fortune naissante du piano-forté ne firent qu'exciter les faiseurs de clavecins à chercher les moyens de velouter et de varier le son de cet instrument. Déjà Richard, vers 1620, avait eu l'idée de remplacer les becs de plume de corbeau par de petites bandes de drap, et, à la même époque, Farini avait substitué des cordes de boyau aux cordes métalliques. Au dix-huitième siècle, on essaya surtout de varier les nuances en augmentant les rangs des sautereaux : à l'aide de pédales ou de boutons que pressait le genou du claveciniste, on les mettait en communication avec des ressorts qui les écartaient des cordes ou qui les en rapprochaient, de façon à produire des sonorités différentes. On imitait ainsi le son de la harpe, du luth, de la mandoline, du basson, du hautbois, du violon et d'autres instruments ; quand le son obtenu par ce procédé ne rappelait le timbre d'aucun instrument connu, on le désignait par un nom nouveau : jeu *céleste,* clavecin *angélique,* etc.

Parmi les facteurs français qui se distinguèrent alors, nous citerons : Cuisinié, inventeur du *clavecin-vielle* (1708) ; Thévenard, de Bordeaux ; Bellot, Levoir, Weltman, Berger, Virebez ; et, au-dessus d'eux, Blanchet, qui sut donner tant de légèreté à ses claviers ; Pascal Taskin, son élève et fort habile sucesseur ; Péronard qui, en même temps que Silbermann, de Strasbourg, construisit des clavecins à double table d'harmonie et avec pédalier.

Nous ne pouvons songer à mentionner ici tous ceux qui ont travaillé à perfectionner le piano ; nous nous contenterons de citer au nombre des plus habiles facteurs de cet instrument : Spaett, de Ratisbonne, mort en 1816 ; Stein, d'Augsbourg (1728-92); Frederici (1712-79), inventeur des pianos carrés ; Hildebrand, de Berlin, qui fit des pianos carrés dont les marteaux frappaient les cordes en dessus, système de mécanique dont Marius, le premier, conçut l'idée et que perfectionnèrent plus tard Streicher (Stuttgard, 1761 — Vienne 1833) ; Petzold et H. Pape (1787-1875) ; les Allemands Zumpe, Pohlman, Backer, Kirkman, J. Gieb, qui contribuèrent à répandre le piano en Angleterre ; Ch. Dibdin (1745-1814) ; le poëte W. Mason (1725-1797) ; le Belge J.-Jos. Merlin (1735-1804) ; Broadwood (1731-1812) ; Rob. Stodart, Fréd. Collard, Fr. Panormo (1764-1844), qui augmenta l'étendue du clavier à l'aigu ; enfin, en France, Séb. Érard (Strasbourg, 5 avril 1752 — La Muette, 5 août 1831) qui, entre autres inventions, imagina le piano-transpositeur et construisit les premiers pianos à queue avec mécanique à double échappement; Ignace Pleyel (1757-1831), et Camille Pleyel (1792-1855); Roller et Blanchet, H. Herz, Debain et Kriegelstein.

215. — Épinette italienne.

Cette épinette en ébène, ornée de fort élégantes incrustations en ivoire, a une étendue de 4 octaves et une note (du *mi* grave au *fa* naturel). Elle porte sur la barre d'adresse cette inscription : *Francisci de Portalupis Veronen. opus* MDXXIII. (*Collection Clapisson.*)

216. — Épinette italienne du dix-septième siècle.

Cette épinette, d'une étendue de 4 octaves et une note (du *mi* grave au *fa*), est en marqueterie de bois du plus beau travail. Les deux extrémités du clavier, dont les touches noires ont un filet d'ivoire, méritent d'être remarquées : elles sont fermées par des ornements en bois sculpté d'une fort heureuse disposition, et les deux petites cariatides qui les supportent sont d'une finesse et d'une exécution vraiment admirables. (*Collection Clapisson.*)

217. — Petite virginale italienne.

L'instrument est renfermé dans une boîte à ouvrage formant coffret. Le dessus du nécessaire est orné d'un beau médaillon en ivoire sculpté, représentant Orphée jouant de la lyre et domptant par la douceur de ses concerts les animaux les plus féroces. La caisse de la virginale est embellie d'incrustations en ivoire gravé. L'étendue du clavier est de deux octaves trois quarts.

Cette pièce élégante n'est point signée, mais on lit autour de la table d'harmonie la devise : *Sic transit gloria mundi*, 1617.

218. — Épinette française.

Elle a une étendue de 4 octaves et une note, du *si* grave à l'*ut*. La table est décorée de fleurs peintes à l'huile, les touches à trèfles du clavier sont finement découpées, et on lit sur la barre d'adresse : *Fait par Richard, à Paris, rue du Paon, près Saint-Nicolas-du-Chardonet*, 1623. (*Collection Besse-Dumas.*)

219. — Épinette italienne du dix-septième siècle.

La caisse est ornée de ravissantes peintures sur fond d'or, qu'on attribue à Nicolas Poussin. Au milieu de la barre d'adresse, on remarque un beau médaillon en ambre gravé.

Cet instrument, d'une grande richesse, a une étendue de 3 octaves trois quarts (du *mi* à l'*ut*); les armes qui le décorent sont celles de la famille d'Orléans. (*Collection Clapisson.*)

220. — Épinette française.

Cette ravissante épinette, ornée de peintures à la gouache d'une grande finesse, a une étendue de 4 octaves et une note (du *si* grave à l'*ut*). La caisse est en laque à figures d'or. Touches à trèfles ; sautereaux à cuir. Ce précieux instrument, qui n'a subi aucune réparation, date de 1672 et est l'œuvre de Philippe Denis. Cet habile facteur était le frère de Jean Denis, organiste de Saint-Barthélemy et maître faiseur d'instruments de musique, qui publia chez Ballard, en 1650, un *Traité de l'accord de l'espinette,* petit livre bien curieux. (*Collection de M. le Dr Fau.*)

221. — Clavecin à deux claviers.

Ce clavecin, dont la caisse est en laque ancienne de Chine, date de 1590 et porte cette inscription : *Hans Ruckers me fecit, Antverpiæ* ; mais Blanchet en a porté l'étendue primitive de 4 octaves à 5 octaves.

Hans ou Jean Ruckers, dit le Vieux, est le plus célèbre des facteurs de clavecins d'Anvers. Reçu membre de la corporation de Saint-Luc en 1579, il mourut vraisemblablement en 1641 ou 1642.

222. — Clavecin à deux claviers.

Cet instrument, dont le support et les peintures datent du règne de Louis XIV, est l'œuvre de Jean Ruckers, le jeune, qui naquit à Anvers le 15 janvier 1578 ; mais, comme le précédent, il a été remanié et agrandi, puisque l'étendue de ses deux claviers comprend 5 octaves pleines. La rosette de la table d'harmonie porte les initiales du célèbre facteur d'Anvers, fils de maître, et L. Clapisson croyait que ce clavecin avait été construit en 1612.

Le beau panneau qui décore le devant de l'instrument a été peint par Brauwer, ou par Téniers le jeune ; une des peintures qui ornent le dessous du couvercle est attribuée à Paul Bril, et l'autre nous paraît digne de J. Breughel. (*Collection Clapisson.*)

223. — Clavecin du dix-septième siècle.

Ce bel instrument, d'une étendue de 4 octaves moins une note, porte la date de 1677, et le nom de Faby, facteur originaire de Bologne, mais établi en France. Il est enrichi d'incrustations en ivoire gravé sur fond d'ébène, du plus admirable travail ; la caisse est en bois de cèdre. (*Collection Clapisson.*)

Ce clavecin, dans un parfait état de conservation, a été fait pour le comte Hercule Pepoli, filleul de Louis XIV, ainsi que l'indique l'écusson à échiquier qui décore le milieu de la barre d'adresse. On sait que Roméo Pepoli, au commencement du quatorzième siècle, se forma un parti dit *de l'Échiquier.*

224. — Clavecin brisé, de Marius.

Cet instrument, d'une étendue de 4 octaves et une quinte (de *si* grave à *fa*), se divise en trois sections se repliant l'une sur l'autre et se pouvant serrer dans un coffret de voyage. Sur la table d'harmonie, richement décorée, on lit le nom du facteur, et l'on apprend qu'il jouissait d'un *exclusif privilége du roy.* C'est en 1700 que Marius inventa ce clavecin portatif, dont les *Mémoires de Trévoux* de 1703 (p. 1292) ont parlé avec éloges. En 1716, il construisit des clavecins à maillets, c'est-à-dire à marteaux, et il conçut l'idée de faire frapper les cordes en dessus par ces maillets qui remplaçaient les sautereaux et qui permettaient de jouer doux ou fort, *piano* ou *forte.* (*Collection Clapisson.*)

225. — Petit modèle de clavecin.

La caisse de cet élégant petit modèle de clavecin est en écaille marquetée et en ivoire. (*Collection Clapisson.*)

226. — Clavicorde de Grétry.

Il a une étendue de 4 octaves et un ton (d'*ut* grave à *ré*). Ce modeste instrument fut prêté à Grétry (Liége, 11 février 1841 — Paris, 24 septembre 1813) par M. de Louet, lors de l'arrivée à Paris du musicien belge. Cet illustre compositeur s'en est servi pour écrire ses premiers opéras : *le Huron* (1768), *Lucile* et *le Tableau parlant* (1769), *le Sylvain* et *les deux Avares* (1770), *l'Amitié à l'épreuve* et *Zémire et Azor* (1771). (*Don de M. Roehn.*)

Le clavicorde, qui a précédé l'épinette et qui resta encore en usage chez les Allemands quand ils avaient déjà renoncé à celle-ci, est de forme carrée. Jusque vers 1700, la même corde servit pour une note et son demi-ton supérieur, les deux branches de métal qui frappaient la même corde la faisant vibrer selon le plus ou moins de longueur qu'elle lui laissait ; mais on comprend que la justesse obtenue par ce genre de mécanisme n'était pas irréprochable. Aussi les facteurs de clavicorde du dix-huitième siècle s'efforcèrent-ils d'améliorer la construction de cet instrument : Ch. Lemme, de Brunswick, Krämer, de Gottingue, et Wilhelmi, de Cassel, s'y employèrent avec succès.

J.-Séb. Bach et autres éminents compositeurs ont écrit pour le clavicorde, instrument qu'ils affectionnaient.

227. — Clavicorde allemand.

Ce clavicorde de voyage, d'une étendue de 4 octaves et demie, est d'un facteur de Tiefenbrunn. Il date de 1786 et passe pour avoir appartenu à Beethoven. (*Don de M. Casimir Ney.*)

228. — Piano de Ferd. Hérold.

Ce petit piano carré d'Érard, à 2 cordes et d'une étendue de 5 octaves, porte le n° 7488 et date de 1808. F. Hérold (Paris, 19 janvier 1791 —

19 janvier 1833) l'avait placé dans son cabinet de travail, chez sa mère, et il s'est servi de cet instrument pour écrire l'*Illusion* (18 juillet 1829), *Zampa* (3 mai 1831), et le *Pré aux Clercs* (15 décembre 1832). (*Don de son fils M. F. Hérold.*)

229. — Piano d'Auber.

Ce piano carré d'Érard, d'une étendue de 5 octaves et demie, est à 2 cordes et porte le n° 8414.

D.-E. Auber (Caen, 29 janvier 1782 — Paris, 12 mai 1871) l'acheta le 17 février 1812, et il le fit transporter au Conservatoire de musique et de déclamation lorsqu'il fut nommé directeur de cet établissement (1842). Que de spirituelles comédies lyriques, que de chefs-d'œuvre le maître immortel a composés, assis devant ce clavier tout taché d'encre ! Il suffira de rappeler ici :

Le Maçon, 3 mai 1825 ;
La Muette de Portici, 29 février 1828 ;
Fra Diavolo, 8 janvier 1830 ;
Le Cheval de bronze, 23 mars 1835 ;
Le Domino noir, 2 décembre 1837 ;
Les Diamants de la Couronne, 6 mars 1841.

Mais on peut dire que, jusqu'à la fin de sa longue et glorieuse carrière, il s'est servi de ce vieux piano qu'il affectionnait : il l'avait placé dans son cabinet de travail, et, chaque fois que le directeur du Conservatoire avait un moment de loisir, il en profitait pour demander de fraîches mélodies à cet inspirateur de ses premiers opéras et de ses ouvrages les plus aimés. (*Donné par sa famille.*)

230. — Piano de Boieldieu.

Ce piano carré n'a qu'une étendue de 5 octaves et demie. Il est sorti des ateliers du Wurtembourgeois J.-G. Freudenthaler (1761-1824), facteur de pianos formé à l'école d'Érard. Fr.-Adrien Boieldieu (Rouen, 15 décembre 1775 — Jarcy, près Paris, 8 octobre 1834) l'acheta en 1823 et il le garda jusqu'à sa mort. Il s'en est servi pour écrire le 1er acte de *Pharamond* (10 juin 1825), dans lequel se trouve un gracieux chœur de prêtresses qu'on a chanté souvent aux concerts du Conservatoire. C'est assis devant cet instrument que Boieldieu a composé *la Dame blanche* (10 décembre 1825), ce chef-d'œuvre impérissable, et le premier acte de son opéra *les Deux Nuits* (20 mai 1829), la dernière de ses productions lyriques. (*Don de son fils M. Adrien Boieldieu.*)

231. — Grand piano de Meyerbeer.

Ce grand piano à 3 cordes, portant le n° 733, est des facteurs anglais Collard, que conseillait l'illustre Clementi (1752-1832). Le pianiste-compositeur J.-P. Pixis l'acheta en 1828, lors de son voyage à Londres, et il fut heureux de le mettre à la disposition de Meyerbeer pendant la longue retraite que fit à Bade l'auteur de *Robert-le-Diable*, l'année qu'il écrivit *les Huguenots* (1835).

M. J.-B. Pixis, d'accord avec Mme Meyerbeer, a voulu que l'instrument dont s'est servi G. Meyerbeer (Berlin, 23 septembre 1791 — Paris, 2 mai 1864) pour écrire son chef-d'œuvre figurât à Paris dans le Musée du Conservatoire de musique. A l'intérieur de ce beau piano de concert, on lit cette inscription autographe (en allemand) : « Sur ce piano de mon cher ami Pierre Pixis qu'il a bien voulu mettre à ma disposition, j'ai composé une grande partie de mon opéra *les Huguenots*. — G. Meyerbeer. » (*Don de M. Pixis et de Mme Meyerbeer.*)

232. — Piano de Carafa.

Ce piano droit à 2 cordes et d'une étendue de 6 octaves est d'Ignace Pleyel et Ce. Il porte le n° 2515 et fut acheté en mars 1833. C'est l'instrument dont Michel Carafa (Naples, 1785 — Paris, 1872) s'est servi pour écrire ses derniers ouvrages, y compris son chef-d'œuvre *la Prison d'Édimbourg* (20 juillet 1833). Sur le devant de ce pianino se trouve une plaque en cuivre sur laquelle on lit : « Piano de Carafa. » Offert au Musée du Conservatoire de musique par son neveu et fils adoptif, Michel d'Aubenton Carafa.

233. — Piano de Louis Clapisson.

Ce piano d'Érard, de forme pentagone et d'une étendue de 6 octaves trois quarts, est à 3 cordes et porte le n° 14769.

Louis Clapisson (Naples, 1808 — Paris, 19 mars 1866) en est devenu possesseur le 20 janvier 1849, et il s'en est servi pour écrire un grand nombre d'opéras, entre autres : *la Promise* (16 mars 1854) et *la Fanchonnette* (1er mars 1856). (*Don de Mme veuve Clapisson.*)

234. — Piano enharmonique et chromatique.

Cet instrument, imaginé par les savants littérateurs-musiciens Vincent, de l'Institut, et Bottée de Toulmon (1797-1850), bibliothécaire du Conservatoire (1831-50), a été construit par MM. Roller et Blanchet, les habiles facteurs de pianos droits et de pianos transpositeurs. Il est à double clavier et comprend 2 octaves. Chacun des deux claviers a 15 touches : sur l'un, destiné à servir de terme de comparaison, toutes les notes sont fixes et rendent les sons de notre système diatonique moderne, ou, plus exactement, ceux du genre *diatonique ditonique* de Ptolémée. Les cordes de l'autre clavier, préalablement accordées à l'unisson de celles du premier, peuvent, sans changer de tension, varier de longueur dans la partie vibrante, ce qui permet aux sons rendus de s'élever par degrés continus

4

depuis l'unisson de la corde immédiatement plus grave jusqu'à celui de la corde immédiatement plus aiguë. Leur variation comprend ainsi, suivant les cas, soit un ton et demi, soit deux tons. (*Don de Mme Bottée de Toulmon.*)

Le but que s'étaient proposé les érudits Vincent et Bottée de Toulmon en imaginant cet instrument, c'était de résoudre la difficulté principale que présente la musique des anciens Grecs, d'en reproduire avec exactitude les intonations et les intervalles et de démontrer l'existence des genres enharmonique et chromatique.

(V. Extrait de la séance de l'Académie des inscriptions et belles-lettres du 18 décembre 1840.)

Dès le seizième siècle, on avait inventé un instrument du même genre que celui-ci. (V. Nic. Vicentino : *L'antica musica ridotta alla moderna pratica,* Venise, 1555, in-fol., et, mieux encore, l'ouvrage du même auteur intitulé : *Descrizione dell' Arciorgano, nel quale si possono eseguire i tre generi della Musica diatonica, cromatica ed enarmonica. — Venezia,* 1561.)

235. — Orphica.

Cet instrument à clavier d'une étendue de 3 octaves et demie est monté de cordes métalliques. La forme en est assez pittoresque et rappelle celle d'une harpe couchée au-dessus d'une boîte carrée à clavier. L'invention de l'*Orphica* remonte à 1795 ; elle est due au Viennois Cl. Rollig (1761-1804) qui se fit connaître par son talent sur l'harmonica et qui imagina plusieurs instruments d'une construction ingénieuse, mais de nulle valeur musicale. (*Collection Clapisson.*)

SECTION II.

Instruments à vent des pays européens.

I.

INSTRUMENTS SANS ANCHE, AVEC OU SANS BEC.

Les Romains donnaient le nom général de *fistula* et de *calamus* aux instruments de musique qui ont formé la famille des flûtes et la famille des chalumeaux. La première semble celle dont l'origine remonte à l'époque la plus reculée, et la poétique fable de la nymphe Syrinx rappelle qu'un musicien amoureux apprit à faire chanter les roseaux en écoutant, le long d'une rivière bordée de hautes herbes, la voix de la nature, dans laquelle il croyait reconnaître celle de sa bien-aimée.

Dès la plus haute antiquité, il y eut quatre espèces de flûtes : la flûte droite, la flûte traversière, la flûte à plusieurs tuyaux ou flûte de Pan, et la flûte double. — La branche la plus nombreuse et la plus intéressante de cette famille d'instruments est, sans contredit, celle des flûtes droites qui étaient percées de 3, 6 ou 9 trous, indépendamment de ceux des deux extrémités et de l'ouverture latérale appelée *lumière*. Elles avaient pour embouchure une sorte de gros sifflet qui formait la tête de l'instrument et qui leur a valu le nom de *flûtes à bec*.

Des flûtes droites à 3 trous, il nous reste le flûtet des Basques et le galoubet des Provençaux, et les flûtes à 6 trous placés sur une même ligne, dont une des variétés se nommait l'arigot, ont donné naissance au flageolet moderne. Quant aux flûtes à 9 trous, qu'on nommait *flûtes douces* ou *flûtes d'Angleterre*, elles composaient tout un système du grave à l'aigu, et elles ont figuré dans les orchestres jusqu'au siècle dernier.

Elles ont été détrônées par la flûte traversière que les Grecs désignaient par le mot *plagiaulos*. Eustache Deschamps en parle comme d'un instrument déjà fort répandu au quatorzième siècle. La flûte eunuque qui, à vraiment parler, n'est qu'un mirliton, ne peut-elle pas être considérée comme l'ancêtre modeste de la flûte traversière ? Quoi qu'il en soit, la flûte traversière, de même que la flûte à bec, avait un système complet comportant une série d'instruments congénères dont le timbre et l'étendue étaient gradués d'après les règles qu'on suit pour classer les voix. Le fifre était à ce système ce que le flageolet était au système des flûtes droites. Nous n'avons plus aujourd'hui de basse de flûte traversière, mais plusieurs compositeurs ont écrit des passages symphoniques qui rappellent les anciens *concerts de flûtes,* en ce sens que trois flûtes s'y font harmonie.

La flûte de Pan à 7, 9, 12 et 16 tuyaux offre d'autant plus d'intérêt au point de vue historique que cet instrument a très-vraisemblablement donné l'idée de l'orgue. Les plus anciens modèles d'orgue, en effet, ressemblent à une grande flûte de Pan munie d'un appareil hydraulique ou d'une soufflerie.

La flûte double des anciens a donné lieu à de bien savantes dissertations. Nous ne pouvons ici que renvoyer le lecteur aux ouvrages spéciaux, entre autres au livre de Jean Meursius intitulé : *Collectanea de Tibüs veterum,* Sora, 1641, et à celui de Gaspard Bartholin qui a aussi pour titre : *De Tibüs veterum,* Rome, 1677, et qui renferme des figures fort instructives.

La flûte double, que nous a léguée l'antiquité, a inspiré l'idée de la flûte d'accord ou flûte harmonique, aujourd'hui délaissée.

236. — Galoubet en palissandre.

Ce galoubet, dont le sifflet et les anneaux sont en ivoire, est percé de 3 larges trous ovales ayant la même dimension. L'instrument porte le nom de G. Lot, surmonté d'une étoile. Cet habile luthier était, en 1752, un des cinq maîtres constructeurs d'instruments à vent exerçant dans Paris, et, en 1770, il fut nommé maître-juré-comptable de la corporation des faiseurs d'instruments. (*Collection Clapisson.*)

Le galoubet (du provençal *gal,* joyeux, et *oubet* pour *aubet,* diminutif de *auboi,* hautbois) est le plus aigu des instruments à vent. Il est en *ré,* il sonne 2 octaves plus haut que la flûte traversière, une octave au-dessus de la petite flûte, et il a une étendue de 2 octaves. On parvient avec peine à déployer du talent sur cet instrument, parce que la main gauche seule sert à le tenir et à le mettre en jeu ; il a eu cependant ses virtuoses, et J.-N. Carbonel (1761-1804) a publié en 1786 une méthode de tambourin et de galoubet.

237. — Galoubet de Delusse.

Ce galoubet en ébène a des viroles d'ivoire. *(Collection de M. le D^r Fa .*

238. — Galoubet en ébène.

Le sifflet et les anneaux sont en ivoire. Il est percé de deux larges trous sur le devant et d'un seul du côté opposé. *(Collection Clapisson.)*

239. — Galoubet en bois jaune.

Le sifflet et les anneaux sont en ivoire.

Le nom du facteur est presque effacé ; cependant, avec la loupe, on finit par le lire. Il est ainsi disposé : Chateau
                                        Minos
Chateau Minos, qui était d'origine provençale, vint s'établir à Paris et se fit remarquer au théâtre des Variétés amusantes où il était engagé pour jouer de la flûte et du tambourin. En 1807, il fut attaché au théâtre du Vaudeville en qualité de joueur de galoubet. Ce facteur-virtuose est mort en 1819.

240. — Galoubet en ébène.

Il a des viroles en ivoire. *(Collection de M. le Dr Fau.)*

241. — Galoubet ou flûtet basque.

Ce galoubet à trois trous est en buis et semblable à ceux dont se servent ordinairement les joueurs de tambourin à cordes de Gascogne. *(Collection de M. le Dr Fau.)*

242. — Petit flageolet en ivoire.

Il est percé de 6 trous et n'a que 11 centimètres de longueur, bec compris. *(Collection Clapisson.)*

243. — Petit flageolet en buis.

Il est assez finement tourné, et de la même dimension que le précédent : 4 trous sur le devant et 2 trous du côté opposé. *(Collection Clapisson.)*

244. — Petit flageolet en ébène.

Il est long de 17 centimètres, bec compris, et percé de 6 trous dont 4 par devant. La tête et l'extrémité inférieure de l'instrument sont en ivoire. *(Collection Clapisson.)*

245. — Petit flageolet.

Ce flageolet en bois brun est de ceux dont on se sert pour enseigner à chanter aux oiseaux. (*Collection de M. le Dr Fau.*)

246. — Flageolet en buis.

Même genre d'instrument. (*Collection de M. le Dr Fau.*)

247. — Petit flageolet en buis.

Cet instrument à pompe, d'une grande élégance, est l'œuvre de Lecler, fils d'un faiseur de clavecins établi à Paris en 1739. Cet habile facteur travaillait encore en 1769, et l'on voit qu'au-dessus de son nom il gravait une étoile. (*Collection Clapisson.*)

248. — Flageolet en si bémol.

Le bec et l'anneau sont en corne ; le corps de l'instrument, percé de 4 trous par devant et de 2 trous du côté opposé, est en bois de buis. (*Collection Clapisson.*)

249. — Jeu de flageolets (style Louis XVI.)

Ces 4 flageolets en ébène, avec bec et garniture en ivoire, sont l'œuvre de Tirouvil frère. Ils n'ont pas de clefs et sont percés de 4 trous par devant et de 2 trous par derrière. Le plus long est en *ré* ; le plus court est en *la* ; les 2 autres sont en *fa* et en *sol*.

Le flageolet est surtout un instrument de musique de danse. Son étendue ordinaire est de 2 octaves (du *ré* des lignes de la clef de *sol* au 2e *ré* des lignes additionnelles). Carnaud, Buffet et autres facteurs en ont amélioré la construction et l'ont doté de clefs assez nombreuses. Il existe des méthodes françaises de flageolet : les plus répandues sont celles de Bousquet, de Cournaud et du célèbre virtuose Collinet.

250. — Flageolet en ardoise.

Cet instrument de fantaisie, sculpté avec beaucoup de finesse, est percé de 5 trous. Une légère virole en argent, avec lamette 's'étendant jusqu'à l'extrémité du sifflet, en garnit l'embouchure.

251. — Canne-Flageolet.

L'instrument est percé de 6 trous dont 4 sur le devant. (*Collection Clapisson.*)

252. — Flageolet à trois corps.

Il est en buis et n'a qu'un seul bec pour les trois corps. Ce curieux instrument porte le nom de son auteur : David, à Dijon. (*Collection Besse-Dumas.*)

253. — Flûte à bec en ivoire.

Elle est en ivoire uni, longue de 36 centimètres, bec compris, et percée de 8 trous, dont 6 sur le devant. Point de nom d'auteur, mais pour marque de fabrique les lettres *i c g*. (*Collection Besse-Dumas.*)

La flûte à bec, qu'on appelait aussi *flûte douce* et *flûte d'Angleterre*, a longtemps été en faveur. Le diapason de cet instrument s'étendait depuis le *fa* grave jusqu'au 3e *sol* du violon. Ce sont des flûtes à bec qui exécutaient les parties de flûte qu'on trouve dans les partitions de Lully et de ses·contemporains.

254. — Flûte douce en ivoire.

Elle est percée de 8 trous. Les anneaux en sont ornés de petits points en ébène imitant des rangées de perles noires. La longueur de l'instrument, bec compris, est de 47 centimètres.

255. — Flûte à bec.

Elle est en bois jaune nuancé et longue de 50 centimètres, bec compris. Le bec et la garniture, en ivoire, sont ornés de colliers de perles en ébène. Sur le 1er corps supérieur et le 2e corps de cet instrument du temps de Louis XIII, on a gravé au feu, entre 4 fleurs de lis, le nom du facteur, qui est devenu illisible. (*Don de M. Eugène Sauzay.*)

256. — Flûte douce en ivoire.

Elle est finement sculptée. Le corps du sifflet est orné d'une tête de poisson, au-dessous de laquelle s'enroulent des feuilles d'acanthe. Le second corps est lisse, percé de 6 trous d'un côté et d'un trou à la partie supérieure du côté opposé. Le 3e corps, qui se termine en entonnoir, est supérieurement gravé et percé d'un trou.

On remarque sur le 2e corps un écusson et quelques lettres gravées à la pointe, à l'état fruste.

Voici les dimensions exactes de ce bel instrument :

Longueur totale : 0m50.
Corps du sifflet : 0,20.
2e corps : 0,19.
3e corps : 0,11.
Diamètre *intérieur* du 1er corps 0,019 ; *id.*, à la base : 0,014. (*Collection Clapisson.*)

257. — Flûte douce en ivoire sculpté.

Elle est en tout semblable à la précédente et, comme elle, provient de la collection Soulage. (*Collection Clapisson.*)

L'étendue de cet instrument a été indiquée par le P. Mersenne, dans l'*Harmonie universelle*, et Hotteterre le Romain, dans ses *Principes de la flûte* (Amsterdam, 1710), a donné aussi la tablature de la flûte à bec.

258. — Flûte à bec en écaille.

Elle est longue de 51 centimètres, bec compris. Le bec et la garniture sont en ivoire. On lit au-dessous du sifflet le nom de I. Hertz, qui est surmonté d'une couronne fermée.

259. — Flûte à bec en écaille.

Le bec et les anneaux sont en ivoire. Ce bel instrument, long de 52 centimètres, bec compris, porte au-dessous du sifflet le nom et la marque de fabrique de Bressan.

260. — Flûte douce (en sol).

Elle est en buis, avec garniture en corne, et longue de 45 centimètres, bec compris. (*Collection Clapisson.*)

261. — Flûte douce (en fa).

Elle en buis, longue de 49 centimètres, bec compris, et l'œuvre du facteur allemand J.-W. Oberlender. (*Collection Georges Kastner.*)

262. — Flûte douce (en fa).

Instrument en buis du même facteur et long de 50 centimètres, bec compris. (*Collection Clapisson.*)

263. — Flûte douce (en fa).

Cet instrument en buis a une longueur totale de 49 centimètres. Il porte le nom du facteur C. Rykel et celui du célèbre facteur J. Denner (Leipzig, 1655 — Nuremberg, 1707) qui avait pris pour marque de fabrique un laurier gravé au feu entre ses deux initiales : I. D. (*Collection Clapisson.*)

264. — Flûte douce (en fa).

Elle est en buis et longue de 51 centimètres, bec compris. (*Collection Clapisson.*)

265. — Flûte douce (en ut).

Cette flûte en buis, longue de 66 centimètres, bec compris, ne porte point de marque de fabrique, mais nous la croyons d'origine allemande. Geo. Kastner en avait fait l'acquisition à Strasbourg. (*Collection Clapisson.*)

266. — Flûte douce.

Elle est en bois brun, à grosses viroles d'ivoire et percée de 7 trous ouverts et d'un trou bouché par une clef à pattes. Cet instrument, long de 69 centimètres, bec compris, porte la marque de fabrique et le nom du célèbre luthier H. Hotteterre, dont le 3e fils Louis Hotteterre, surnommé le Romain à cause du voyage qu'il fit en Italie et de son séjour à Rome, a publié une méthode de flûte à bec. (*Collection de M. le Dr Fau.*)

267. — Flûte douce.

Elle est en buis, à trois corps avec moulures et garnie d'une clef en cuivre. Cet instrument, long de 69 centimètres, est dû à S. Lener. On remarque au-dessus du nom de ce facteur un ♂, signe indiquant sans doute qu'il habitait une ville épiscopale.

268. — Flûte douce (ténor).

Elle est en bois jaune, faite d'un seul morceau, et percée de 7 trous ouverts et d'un trou bouché par une clef à patte. Cet instrument, long de 72 centimètres, est marqué de 2 feuilles de trèfle, en guise de nom du facteur (à nous inconnu) qui l'a exécuté.

La flûte-ténor s'étendait du *si* ♭ sur la 2e ligne de la clef de *fa* jusqu'au *sol* entre les lignes de la clef de *sol*.

269. — Fragment de flûte à bec en bois.

Par la nature du dessin et par la beauté de l'exécution, ce corps supérieur de flûte à bec semble dû à l'habile artiste qui a exécuté les nos 256 et 257. (*Collection Clapisson.*)

270. — Fragment de flûte à bec en ébène.

Cette flûte était fort élégante. Le corps supérieur est enrichi d'incrustations en argent d'une admirable finesse. (*Collection Clapisson.*)

271. — Canne-flûte à bec.

Elle est percée de 7 trous ouverts et d'un trou bouché par une clef en cuivre. Le manche de cette canne représente un oiseau et est orné de pierres et de perles. (*Collection Clapisson.*)

272. — Flûte droite.

Elle est en bois, longue de 92 centimètres, et percée de 8 trous dont un bouché par une clef à pattes. Elle porte pour marque de fabrique une feuille de trèfle gravée au feu. Cet instrument semble d'origine allemande et du dix-septième siècle.

273. — Basse de flûte à bec du seizième siècle.

Cet instrument précieux, et peut-être unique au monde, a la forme d'une colonne surmontée d'un chapiteau de 14 centimètres de diamètre et de

4 centimètres de hauteur. Le fût de la colonne est haut de 90 centimètres et diamétralement large de 9 centimètres dans la partie supérieure, et de 10 centimètres à l'autre extrémité. Le siphon se trouve placé vers le bas d'une belle plaque de cuivre très-finement ciselée. Au centre de cette plaque ovale, on remarque une couronne de marquis, surmontant un O et des L croisés. Quatre anges, dont deux jouent de la flûte, ornent la partie supérieure et les côtés de cet élégant médaillon. Au-dessous du siphon, qui est à 26 centimètres du chapiteau, on remarque une large plaque de cuivre, longue de 14 centimètres et haute de 9 ; elle empêche de voir une échancrure pratiquée dans la colonne de l'instrument, et les deux trous intérieurs que cachent deux portes carrées sur lesquelles on a gravé Judith encore armée du glaive et tenant de l'autre main la tête d'Holopherne, et Lucrèce s'enfonçant un poignard dans le sein. Plus bas encore, sur le devant de l'instrument, se trouve une longue caisse acoustique, également en cuivre gravé : elle a 0^m,38 de longueur sur 5 centimètres de largeur. L'ornementation rappelle certains fers caractéristiques des belles reliures du dernier tiers du seizième siècle.

Du côté opposé au siphon et au haut de l'instrument, on aperçoit une petite boîte acoustique, longue de 6 centimètres et large de 5. De ce même côté, et tout en bas, se trouve une autre boîte acoustique recouvrant deux clefs : elle a 13 centimètres de long sur 6 centimètres de largeur.

C'est entre ces deux boîtes placées du côté opposé au siphon, et au milieu de la colonne, que sont les 6 trous de cette basse de flûte à bec, dont le fabricant avait pour marque spéciale deux fleurs de lis gravées au feu. (*Collection Clapisson.*)

274. — Basse de flûte à bec.

Cette flûte basse a une longueur totale de 1 m. 09. Elle est de Rippert, qui avait pour marque de fabrique un dauphin gravé au feu. (*Collection Clapisson.*)

275. — Basse de flûte à bec.

Elle mesure 1 mètre 16 et date du règne de Louis XIII, mais elle ne porte aucune marque de fabrique.

276. — Basse de flûte à bec.

Ce bel instrument à chapeau tourné et à grosses viroles d'ivoire n'a qu'une clef. Il est de la même longueur que le précédent, et on le doit au célèbre facteur d'instruments à vent de la chambre et de la chapelle du roi Louis XIV, Henri Hotteterre, qui mourut à Saint-Germain en 1683. (*Collection de M. le Dr Fau.*)

277. — Basse de flûte à bec.

Cette flûte basse est ornée d'une tête de nègre bien sculptée, en bois de chêne. De la bouche de ce nègre sort le siphon ; le bec est en ivoire.

Le corps supérieur, percé d'un côté de 3 trous, fort distants l'un de l'autre, et d'un seul trou, du côté opposé, a 66 centimètres de longueur ; le second corps mesure 22 centimètres jusqu'au bourrelet qui supporte la clef, et 34 centimètres depuis la clef jusqu'à l'extrémité du pavillon. La longueur totale de l'instrument, tête comprise, est de 1 m. 34.

Le son de cette flûte basse est plein, agréable et doux.

L'étendue ordinaire de la flûte basse est celle-ci : du *fa* au-dessous des lignes de la clef de *fa* jusqu'au *ré* à vide du violon.

278. — Flûte eunuque.

Cet instrument, d'une forme élégante et pittoresque, est en bois jaune et long de 88 centimètres. Il semble dater du temps de Henri III. Pièce rarissime.

Le P. Mersenne nous apprend que, sous Louis XIII, les concerts de flûtes eunuques étaient en faveur.

279. — Mirliton en roseau, avec bouts en ivoire.

Il est orné d'un joli dessin gravé. (*Collection Clapisson.*)

280. — Fifre en ut.

Cet instrument en buis, à viroles de cuivre, est l'œuvre d'Adler père, habile luthier établi à Paris sous le premier empire. Ce fifre a été oublié chez le père de M. Eug. Jancourt à Château-Thierry, après la bataille de Montmirail. (*Don de M. Eugène Jancourt.*)

Le fifre est d'origine suisse et a longtemps été en usage dans nos musiques militaires. Cet instrument sans clefs et percé de 6 trous ne résonnait pas juste à l'octave supérieure de la flûte, comme l'*ottavino* : il jouait en *ré*, quand l'harmonie était en *ut*.

281. — Fifre en si ♭ de Savary.

Cet instrument, fabriqué par Savary, est celui dont il joua tant qu'il fit partie de la musique des Pupilles de la garde. Premier prix de basson du Conservatoire et virtuose attaché à l'orchestre de l'Opéra italien, Savary se fit ensuite connaître comme facteur de bassons et s'est acquis en cette qualité une réputation méritée d'artiste habile. (*Don de M. Jancourt.*)

282. — Ottavino.

Cette petite flûte est en bois de grenadille et percée de 7 trous, dont un bouché par une clef en argent. Cet instrument, avec viroles d'ivoire, porte la marque de ses auteurs : Clair, Godfroy aîné. (*Don de M. Eugène Fréville.*)

On appelle la petite flûte *piccolo* ou *ottavino*. Cette dernière appellation indique qu'elle sonne une octave plus haut que la flûte ordinaire, dont elle a l'étendue.

283. — Petite flûte en ut, de Tulou.

Elle est en bois de grenadille et garnie de 4 clefs d'argent. Cet *ottavino* est celui dont se servait M. Moudrux, flûtiste distingué et musicien de la chambre du roi Louis-Philippe, qui mourut à Paris en 1859. Cet artiste estimable était chevalier de la Légion d'honneur. (*Don de M. Jancourt.*)

284. — Modèle de flûte en la ♭.

Cet instrument de Buffet-Crampon, à l'usage des musiques militaires, est en bois, avec viroles d'ivoire et 4 clefs en cuivre. Ce modèle est d'une très-grande rareté ; peut-être même est-il devenu unique. (*Don de M. Jancourt.*)

285. — Flûte tierce.

Cet instrument, en bois d'ébène avec viroles d'ivoire et 4 clefs d'argent, est de Clair, Godfroy aîné. (*Don de M. Eugène Fréville.*)

La flûte tierce sonne une tierce mineure plus haut que la flûte ordinaire : son étendue réelle est donc du *fa* au-dessus de la 1re ligne de la clef de *sol* jusqu'au 2e *ut* des lignes additionnelles. Cet instrument n'est guère employé que dans la musique militaire.

286. — Flûte traversière en porcelaine de Saxe.

Cette flûte en porcelaine blanche est ornée d'une guirlande de fleurs peintes s'enroulant d'un bout à l'autre de l'instrument, qui se compose de 4 corps reliés entre eux par de minces anneaux dorés et qui ne compte qu'une seule clef. Le 1er de ces corps, celui de l'embouchure, se nomme *tête* ; le 2e s'appelle *corps du milieu* ; le 3e *petit corps*, et le 4e *patte*. (*Collection Clapisson.*)

287. — Flûte en porcelaine de Saxe.

Elle ressemble à la précédente, mais les peintures en sont moins délicates et les anneaux dorés pourraient avoir plus d'élégance. (*Collection Clapisson.*)

La flûte à 7 trous ouverts et à une seule clef resta en usage jusque vers 1790. Quantz, le maître de flûte du roi de Prusse Frédéric II, avait, il est vrai, imaginé de recourir à une seconde clef pour faire sentir la différence d'un *comma* qui se trouve entre le *ré* ♯ et le *mi* ♭ : mais on jugea que cette clef compliquait le mécanisme sans permettre d'arriver a un résultat appréciable, et l'on y renonça vite.

288. — Flûte traversière du dix-septième siècle.

Elle est en ivoire, ornée de lunes et d'étoiles gravées à la pointe et garnie d'une clef en argent. (*Collection Clapisson.*)

289. — Flûte en bois et en os.

Le corps supérieur est en bois et les autres corps sont en os. Cet instrument n'a qu'une clef et date du temps de Louis XIV. Il est accompagné de son corps de rechange. Pièce rare. (*Collection de M. le Dr Fau.*)

290. — Flûte en ivoire vert.

Cette flûte à une clef, accompagnée de son corps de rechange, est de Rizey. Le nom de ce facteur est surmonté d'une fleur de lis. (*Collection de M. le Dr Fau.*) ·

291. — Canne-Flûte.

Elle est en bois tourné au tour, imitant les nœuds d'un bambou, avec anneaux en corne.

Au-dessous de la clef qui ferme le 7e trou, on remarque deux larges ouvertures par lesquelles l'air s'échappe. (*Collection Clapisson.*)

292. — Flûte traversière en cristal.

Cette flûte, dont les garnitures sont en argent et dont les 7 clefs sont ornées d'améthystes, est l'œuvre de Laurent. Cet habile facteur français produisit le 1er instrument de cette nature qu'il ait fabriqué, à l'exposition de 1806, et ce spécimen de son talent inventif lui valut une médaille d'argent de 3e classe. (*Collection Clapisson.*)

293. — Flûte en cristal.

La garniture est en argent et les 8 clefs sont embellies d'améthystes.

Ce riche instrument est de Laurent qui l'a fait en 1820. Ce facteur perfectionna encore en 1834 le système auquel il attacha son nom. (*Don de M. Dorus.*)

294. — Flûte anglaise.

Elle est en buis bruni et à patte d'*ut*. OEuvre du facteur anglais Potter, de Londres, cette flûte mérite d'être remarquée à cause de ses tampons coniques en métal, qui bouchent avec la plus grande précision. (*Don de M. Jancourt.*)

295. — Flûte française.

Cette flûte en bois de grenadille, garnie de viroles et de 5 clefs en argent, a été faite pour Denne-Baron (Paris, 1804-1865), élève de Tulou et musicographe distingué. Cet instrument est du facteur Adler. (*Don de M*^me *veuve Denne-Baron.*)

296. — Flûte de J. Nonon.

Cette flûte en bois de grenadille, dont les garnitures et les 6 clefs sont en argent, a été faite en 1828 par M. Jacques Nonon. Cet habile luthier, né à Metz en 1802, la soumit à l'approbation du célèbre Tulou, qui n'adopta ni la clef d'*ut*, ni la double clef de *fa*, mais qui s'empressa de reconnaître la perfection du travail et les belles qualités de cet instrument. Aussi conçut-il aussitôt la pensée de fonder une fabrique de flûtes et résolut-il d'en confier la direction à M. J. Nonon, qui de 1831 jusqu'à la fin de l'année 1853, resta le collaborateur de Tulou.

Lorsque M. J. Nonon se fut séparé de son ancien associé, il adopta pour marque de fabrique une *clef de sol*, Tulou ayant pris pour la sienne *un rossignol*, en souvenir sans doute de ses succès de virtuose dans l'opéra de Lebrun. (*Don de M. J. Nonon.*)

297. — Flûte de Tulou.

Elle est en bois de grenadille, à 5 clefs, avec garniture en argent. Tulou l'offrit en cadeau à son ami Moudrux, qui en fit son instrument de prédilection. (*Don de M. Jancourt.*)

298. — Flûte en argent (système Boehm).

Cette flûte à perce cylindrique, dont le tube et le mécanisme sont en argent, descend jusqu'au *si* et a 13 clefs. Elle est signée Louis Lot, qui l'a faite en 1872, et porte le n° 1746.

A l'ancien système de flûtes traversières *à clefs*, qui est d'invention française, le capitaine W. Gordon, en 1827, commença de substituer un système nouveau, d'après lequel la construction de la flûte devenait vraiment rationnelle; il fit percer les trous à distance égale l'un de l'autre, de façon qu'en les ouvrant successivement on pût obtenir une gamme chromatique très-juste. L'idée de Gordon, exploitée et modifiée par Théobald Boehm, donna naissance aux flûtes *à anneaux*. L'avantage de ces anneaux est de permettre à un doigt non-seulement de fermer un trou, mais d'en faire ouvrir ou fermer en même temps un ou plusieurs autres : chaque doigt peut exercer ainsi une double action. La flûte Boehm, introduite en France par M. Coche et rectifiée encore par cet artiste, a résolu le problème qui consiste à fermer successivement tous les trous du tube sonore dans un ordre régulier pour une gamme descendante et à les ouvrir de la même manière pour la gamme ascendante.

L'étendue de l'ancienne flûte était de 2 octaves et une quinte (de *ré* à *la*); la flûte Boehm s'étend de l'*ut* au-dessous des lignes de la clef de *sol* jusqu'au second *ut* des lignes additionnelles et comprend, par conséquent, une échelle de 3 octaves. — Il existe un grand nombre de méthodes de flûte.

299. — Basse de flûte traversière.

Cette flûte allemande en buis, avec 3 clefs en cuivre, est l'œuvre de J. Bruker. Elle a 1 m. 23 de long; aussi appelait-on d'ordinaire cet instrument une flûte de 5 pieds. (*Don de M. Dorus.*)

300. — Syrinx.

Elle est faite de roseaux; la monture et l'encastrement sont en chêne découpé. Cette flûte de Pan, dont l'origine est difficile à déterminer, comprend 21 notes. (*Collection Clapisson.*)

La syrinx des anciens se composait le plus souvent de 7 roseaux d'inégale longueur, bouchés par en bas. On sait qu'un tuyau bouché résonne une octave plus haut qu'un tuyau ouvert de la même dimension.

301. — Flûte de Pan.

Les anneaux et les boutons sont en ivoire, la fermeture et la monture sont en baleine et en écaille, et les viroles en acier. Cette flûte de Pan, qui vraisemblablement date de la 1re moitié du dix-huitième siècle, donne 23 notes. (*Collection Clapisson.*)

302. — Flûte d'accord ou flûte harmonique.

Elle est en bois de grenadille, à double embouchure et à double perce. Point de nom de facteur. (*Collection Clapisson.*)

Cet instrument, le plus petit de la famille des flûtes à bec, était en grande faveur au dix-septième et au dix-huitième siècle; les femmes elles-mêmes apprenaient à en jouer. Ces deux flûtes réunies étaient accordées à la tierce.

303. — Flûte d'accord en ivoire.

Elle est d'un seul morceau. Sur le devant, elle est percée de 7 trous à double chambre, communiquant aux deux corps de l'instrument. Le côté opposé est percé en bas de plusieurs trous dont la disposition mérite d'être étudiée, et en haut d'un double trou.

Cette belle pièce, qui provient de la collection Soulage, est l'œuvre d'An=

ciuti ; au-dessous du nom de ce facteur, on lit : Milano, 1722. (*Collection Clapisson.*)

304. — Flûte harmonique en ébène.

Cet instrument, d'un seul morceau, est garni en argent et porte le nom de James, à Paris. (*Collection Clapisson.*)

305. — Flûte d'accord en ébène.

Bien qu'elle soit d'une construction élégante, le facteur ne l'a point signée. (*Collection Clapisson.*)

306. — Flûte harmonique.

Cet instrument en bois est du facteur Walch. (*Collection de M. le Dʳ Fau.*)

II.

INSTRUMENTS A ANCHE SANS RÉSERVOIR D'AIR.

Selon le *Dictionnaire de l'Académie des beaux-arts* (1), l'anche est une petite lame ou languette qui, fixée par une de ses extrémités sur un appareil lui servant de support, vibre par l'action de l'air. Il importe d'établir la différence qui existe entre l'anche battante, d'une si grande importance dans l'art musical, et l'anche libre, d'un intérêt secondaire. On appelle *battante,* l'anche dont les vibrations produisent des frôlements ou battements contre un obstacle disposé à cet effet avec intention. Elle forme avec ses accessoires un petit appareil qu'on adapte au tube de certains instruments à vent pour y souffler. Isolée de l'instrument dans lequel elle sert à introduire l'air et à produire le son, elle ne rend qu'une sorte de cri fort peu musical ; le tube sonore modifie donc complétement le diapason, la nature et le caractère du son produit par l'anche battante.

L'anche libre diffère de l'anche battante en ce que la lame, lorsqu'elle est mise en vibration, au lieu de frôler le bec qui lui sert de support, s'ajuste dans la rigole de ce bec sans en toucher les parois : par conséquent, elle vibre *librement* dans l'air sans rencontrer d'obstacle.

---

(1) V. le très-remarquable article sur l'*anche* et sa construction publié dans ce dictionnaire, t. II, p. 33. Nous y avons emprunté plusieurs définitions.

Voyons maintenant quelles applications on a faites de ces deux espèces d'anches si distinctes.

De tous les instruments à vent se jouant avec les lèvres, les instruments à anche battante sont ceux qui offrent le plus de ressources aux compositeurs, au point de vue de la variété des timbres, de la diversité des inflexions et de l'expression pathétique.

Mais il y a deux sortes d'anches battantes : l'anche battante à double languette, dont le son se produit par les battements réciproques d'une languette contre l'autre, et l'anche battante à languette simple, qui produit le son par ses battements contre les parois de son support fixe. Les instruments à vent auxquels on adapte une anche battante à double languette sont : les chalumeaux, les bombardes, le hautbois et ses dérivés le cor anglais et le baryton, les musettes, les cromornes ou tournebouts et les bassons. L'anche battante à languette simple s'applique à la clarinette et aux instruments qui en dérivent, comme le cor de basset, la clarinette basse, le saxophone, ainsi qu'à certains jeux de l'orgue. Toutes les branches de cette intéressante famille d'instruments n'ont pas également prospéré : quelques-unes même, comme celle des chalumeaux allemands, des bombardes et celle des cromornes, ont disparu. Denner, en voulant perfectionner l'ancien chalumeau, est arrivé à construire la clarinette ; quant aux instruments en forme de crosse qu'on nommait cromornes ou tournebouts (en allemand *krummhörner*, cors recourbés), et qui servaient de basses aux hautbois, ils ont été remplacés dans la seconde moitié du dix-septième siècle par les bassons, au timbre si doux et si sympathique.

Parmi les instruments à anche libre, nous nous contenterons de citer les *accordéons* et les *orgues expressifs* de tous genres, dont il sera plus amplement question dans le chapitre suivant, consacré aux instruments avec réservoir d'air.

307. — Bombarde soprano.

Cet instrument en bois, avec garniture en plomb découpé, date du dix-huitième siècle et est d'origine bretonne. Il n'a pas de clef et est percé de 7 trous. (*Collection de M. le D*ʳ *Fau.*)

La bombarde soprano, que les Italiens appellent aussi *piffero pastorale*, a d'ordinaire une clef et quelquefois 2 clefs. Cet instrument ancien, qui a

5

donné naissance au hautbois, s'étendait du *fa* de la clef de *sol* jusqu'au *la* ou à l'*ut* aigu, selon le nombre des clefs.

Les bombardes étaient une espèce de hautbois ; elles se jouaient avec une anche et formaient un concert complet. Outre la bombarde soprano, il y avait la *petite bombarde*, à une clef, s'étendant du *sol* au-dessous des lignes jusqu'au *ré* 4ᵉ ligne de la clef de *sol* ; le *nicolo* ou bombarde contralto, à une clef, dont l'échelle s'étendait de l'*ut* de la clef de *fa* au *sol* 2ᵉ ligne de la clef de *sol* ; la bombarde-ténor qui avait 2 octaves d'étendue à partir du *sol* 1ʳᵉ ligne de la clef de *fa* ; la bombarde basse à 4 clefs, d'une étendue de 2 octaves, d'*ut* à *ut*, et la contre-basse de bombarde ou bombardon, à 4 clefs également et en *fa* grave.

308. — Contre-basse de bombarde.

Ce bel instrument est de Delusse, et date, par conséquent, de 1760 environ. Il est long de 2 mètres 15, et garni de 9 clefs, dont 5 ont été ajoutées après coup.

La contre-basse de bombarde, que les Italiens nommaient *bombardone,* était, on le voit, d'une dimension bien gênante, et se jouait avec un bocal. Elle avait deux octaves d'étendue : du contre *fa* jusqu'au *fa* de la 4ᵉ ligne de la clef de *fa*. Elle a été remplacée dans l'orchestre moderne par le contre-basson.

309. — Chalumeau russe.

Cet instrument, en écorce de bouleau, est percé de 5 trous sur le devant et d'un 6ᵉ trou par derrière. Il se joue avec une anche, comme le hautbois, et rentre par conséquent dans la classe des hautbois rustiques.

310. — Musette en ivoire (en sol).

Ce petit hautbois sans clefs, qu'on appelle habituellement une musette, est finement exécuté et percé de 7 trous, dont 6 sur le devant. Il semble dater du temps de Watteau (1684-1721), le peintre riant des scènes champêtres, et n'a que 36 centimètres de long, anche non comprise. (*Collection Besse-Dumas.*)

La musette est généralement en *sol* comme celle-ci. Il ne faut donc pas la confondre avec le *hautbois de forêt* (nommé par les Italiens *oboe piccolo*), qui sonne une octave plus haut que le hautbois ordinaire.

311. — Musette à clefs.

Cet instrument en buis, à viroles d'ivoire, est garni de 7 clefs en cuivre. Il a été construit par Buffet, en 1834, à la demande d'un amateur distingué. (*Don de M. Fumouze.*)

312. — Hautbois rustique.

Il est en corne d'élan et percé de 7 trous ouverts qui ne sont pas disposés selon toutes les règles de l'art. Cette pièce fort rare date vraisemblablement de la fin du seizième siècle et provient de la succession des Contarini. (*Collection de M. le Dr Fau.*)

313. — Hautbois en ébène.

Cet instrument est garni de 2 clefs en argent. La forme en est élégante, et le contraste que présente le bois d'ébène avec l'ivoire des moulures et des pièces d'assemblage nous semble indiquer la main d'un habile facteur de la fin du règne de Louis XIV ou de la Régence. (*Collection Clapisson.*)

Le hautbois, en usage en France dès le quinzième siècle, n'avait alors qu'une octave et une sixte (de l'*ut* jusqu'au *la*). Thoinot Arbeau, dans son *Orchésographie* (1589), a décrit les hautbois dont on se servait de son temps, et Cambert, dans son opéra de *Pomone* (1671), fut le premier qui fit briller cet instrument dans l'orchestre. Les frères Besozzi en améliorèrent la construction ; mais, en 1730, le hautbois n'avait encore que 3 clefs : on lui en donna une 4e en 1731. Delusse, en 1780, puis Buffet, Triébert, Brod et Nonon l'ont perfectionné et en ont fait le plus juste, le plus parfait des instruments à anche. L'application des anneaux mobiles date de 1844 ; c'est à Buffet qu'on la doit.

L'étendue du hautbois est de 2 octaves et une sixte, du *si* ♮ grave du violon jusqu'au *sol* des lignes additionnelles de la clef de *sol*. Il n'existe qu'un petit nombre de méthodes de hautbois.

314. — Hautbois.

Ce riche instrument, d'une élégance exquise, est en ébène. La garniture se fait remarquer par la finesse de ses nielles : sur l'ivoire piqué d'or se détachent des guirlandes en écaille semées de malachites et autres pierres précieuses formant un dessin symétrique dont la légèreté est vraiment admirable.

Ce hautbois est percé de 4 trous et de 2 doubles trous ouverts et muni de 3 clefs en vermeil. Il porte le nom de S. Martin qui n'en est pas l'auteur, mais qui sans doute l'a réparé. Sur le pavillon on compte 4 trous espacés à distance égale l'un de l'autre. (*Collection Clapisson.*)

315. — Hautbois italien.

Il est en ivoire, à 8 pans coupés, et garni de 2 clefs en argent. Cette belle pièce provient de la collection Soulage : elle est l'œuvre d'Anciuti, qui a inscrit son nom sur chaque corps de l'instrument et a marqué qu'il l'a fait à Milan (vers 1730). (*Collection Clapisson.*)

316. — Hautbois allemand.

Il est en bois et n'a que 2 clefs. Il porte le nom de celui qui l'a fabriqué ;

mais ce nom, surmonté d'une sorte de croix, est devenu illisible. (*Collection Clapisson.*)

317. — Hautbois du dix-huitième siècle.

Il est en buis, avec garniture en ivoire, et il a 3 clefs en cuivre. Il porte pour marque de fabrique une feuille de trèfle marquée au feu. (*Collection Clapisson.*)

318. — Hautbois en ivoire uni.

Il est d'un dessin fort élégant et d'une simplicité du meilleur goût. Cet instrument du dix-huitième siècle est garni de 3 clefs en argent. (*Collection Clapisson.*)

319. — Hautbois allemand.

Ce hautbois à 3 clefs et à 8 corps de rechange porte la marque de fabrique de Grundmann. Le nom de ce facteur est surmonté de deux glaives croisés. L'instrument a été acheté à Panormo (Turquie d'Europe). (*Collection de M. le D* Fau.*)

320. — Hautbois de Sallantin.

Cet instrument, dû à l'habile Ch. Delusse et transformé en hautbois moderne, a été légué par Ant. Sallantin (Paris, 1754 —   ) à son neveu M. Jules Sallantin, qui en a fait présent au musée du Conservatoire. Ant. Sallantin, célèbre virtuose-compositeur, fut professeur au Conservatoire dès la création de cette École de musique. Quel talent ne devait-il point avoir, puisqu'il exécutait à l'aide de 4 clefs seulement, les traits si difficiles que l'on rencontre dans la musique de son temps! (*Don de M.-J. Sallantin.*)

321. — Hautbois de Vogt.

Il est en buis à viroles d'ivoire et à 4 clefs. Cet instrument, construit par Delusse, est le plus ancien de ceux dont le célèbre hautboïste Vogt ait fait usage. (*Don de M. Bruyant.*)

322. — Hautbois de Vogt.

Cet instrument de Delusse est en buis avec viroles d'ivoire et il est garni de 7 clefs en argent. Il a été donné au musée par Gustave Vogt (Strasbourg, 18 mars 1781 — Paris, 31 mai 1870), professeur adjoint au Conservatoire à partir de 1802, et professeur titulaire du 1er avril 1816 au 1er novembre 1853.

323. — Hautbois français.

Il est en buis, avec viroles d'ivoire, et garni de 8 clefs en argent. Cet instrument est du facteur Fréd. Triébert.

324. — Hautbois de Brod.

Il est en bois de grenadille, avec garniture et 8 clefs en argent. (*Don de Mᵐᵉ veuve Brod.*)

Henri Brod (Paris, 1799-1839), virtuose et compositeur distingué, a contribué à perfectionner le hautbois. En allongeant le tube, il construisit des instruments qui descendaient jusqu'au *si* ♭. Sa *Méthode* est une des meilleures qu'on ait encore publiées.

325. — Hautbois de Charles Triébert.

Il est sorti des ateliers de M. Frédéric Triébert et a été donné au musée par cet excellent facteur, né à Paris en 1813.

Ce bel instrument en bois de violette, et monté de 17 clefs en argent, est celui dont s'est constamment servi, depuis 1863 jusqu'à sa mort, Charles Triébert (Paris, 1810-1867), habile virtuose, qui a été professeur de hautbois au Conservatoire pendant les cinq dernières années de sa vie, et facteur qui a construit les meilleurs hautbois, au dire même de son rival Barret, le célèbre hautboïste anglais. (*Don de M. Fréd. Triébert.*)

326. — Haute-contre de hautbois ou hautbois d'amour.

Il est long de 78 centimètres et construit par Winnen, facteur établi à Paris et médaillé à l'exposition de 1834. (*Collection Clapisson.*)

La haute-contre de hautbois, que les Italiens appellent *oboe d'amore*, descend une tierce mineure plus bas que le *dessus* de hautbois.

327. — Taille de hautbois.

Cet instrument, long de 84 centimètres, a trois clefs en cuivre. Il porte la marque de fabrique de Lindner, luthier d'Augsbourg, qui vivait encore en 1820. (*Collection de M. le Dʳ Fau.*)

La *taille* de hautbois sonnait une quinte plus bas que le *dessus*; il s'étendait du *fa* au-dessous du *sol* grave du violon jusqu'à l'*ut*. Sauf qu'il avait un corps droit, ce hautbois en *fa* était donc un véritable cor anglais.

328. — Cor anglais.

Cet instrument a 2 clefs en cuivre et il est de Grassi, facteur établi à Milan dans la seconde moitié du dix-huitième siècle. (*Don de M. Ch. Triébert.*)

Le cor anglais, alto du hautbois, a maintenant une étendue de plus de 2 octaves : du *fa* au-dessous des lignes de la clef de *sol* jusqu'au *si* ♭ au-dessus des lignes ; mais les notes extrêmes de cette échelle sont difficiles à émettre avec justesse. — C'est de 1775 à 1780 que Jos. Ferlendis (Bergame, 1755 — Lisbonne, 18) améliora l'ancien cor anglais et le rendit à peu près tel que nous le voyons aujourd'hui.

329. — Cor anglais.

Ce cor anglais, de forme très-curieuse, est orné d'une tête d'animal antédiluvien et muni de 2 clefs à pattes; garniture en cuivre. Cette pièce originale semble d'origine anglaise, mais ne porte point de marque de fabrique. (*Collection de M. le Dr Fau.*)

330. — Cor anglais.

Cet instrument en bois, à pans coupés, est percé de 4 trous et de 2 doubles trous ouverts, et de 3 autres trous bouchés par des clefs. Il date du dix-huitième siècle.

331. — Cor anglais.

Cet instrument en cuir noir, à viroles d'ivoire, est percé de 5 trous et d'un double trou ouverts, et de 3 trous bouchés par des clefs. (*Collection de M. le Dr Fau.*)

332. — Cor anglais.

Il est garni de 8 clefs en cuivre et porte la marque de fabrique des facteurs strasbourgeois Buhner et Keller. (*Collection Clapisson.*)

333. — Cor anglais de Vogt.

Cet instrument, du facteur Triébert, est celui dont Vogt avait coutume de se servir. Il a 4 clefs. (*Don de M. Bruyant.*)

334. — Baryton.

Il est long de 83 centimètres, sans le siphon, muni de 2 clefs en cuivre, et porte le nom de Bizey gravé au feu. (*Collection Besse-Dumas.*)

Le baryton sonne une octave plus bas que le hautbois.

335. — Baryton de Vogt.

Cet instrument, construit par Triébert et médaillé à l'exposition de 1827, est percé de 11 trous, dont 8 sont bouchés par des clefs, et de 2 doubles trous ouverts. (*Don de M. Bruyant.*)

336. — Tournebout ou cromorne.

Il est en bois jaune, long d'un mètre, et percé de 12 trous dont 2 bouchés par des clefs à coulisses. Cette pièce, une des plus rares du musée, date de la fin du seizième siècle et provient de la succession des Contarini, recueillie par le comte P. Correr. (*Collection de M. le Dr Fau.*)

Le son du tournebout n'est pas aussi agréable que celui de la musette, dit le P. Mersenne. C'est en Angleterre qu'on fabriquait le mieux cet instrument pour lequel on composait des morceaux à 4, 5 et 6 parties. La taille et la basse du tournebout avaient 4 ou 5 pieds de longueur. Le cromorne a été remplacé dans l'orchestre moderne par le cor anglais.

337. — Courtaud.

Cet instrument, devenu rarissime et qu'on nommait aussi *cervelas*, n'est, à proprement parler, qu'un basson raccourci. Celui-ci est l'œuvre d'un facteur français qui vivait sous Louis XIII. Il se compose d'un morceau de bois cylindrique, recouvert de cuir sur lequel on a frappé des fleurs-de-lis, et, comme le basson du dix-septième siècle, il a 3 clefs. La disposition des trous mérite d'être remarquée ; les deux rangées de 3 trous parallèles indiquent qu'on songeait, en ce temps-là, aux gauchers ; en effet, les 3 trous à droite étaient réservés à ceux qui se servaient de la main droite, et les 3 trous à gauche étaient pour ceux qui préféraient jouer de la main gauche. L'intérieur de l'instrument renferme 6 tubes, et l'étendue de ce courtaud est de 3 octaves, de l'*ut* à l'*ut*, diapason actuel. (Acheté à Dijon et provenant de l'ancienne maîtrise de cette ville.)

338. — Basson soprano (en fa).

Il est de Scherer et muni de 4 clefs en cuivre. Cet instrument de fantaisie date du milieu du dix-huitième siècle. (*Collection Clapisson.*)

339. — Basson soprano en fa.

Ce cor anglais, sous forme de basson soprano, est de Delusse ; il a 7 clefs en cuivre et date de la fin du dix-huitième siècle. (*Don de M. Eug. Jancourt.*)

340. — Basson allemand.

Cet instrument, d'un facteur allemand qui n'a point signé son œuvre, a 5 clefs seulement. Il date de 1760 environ, la 4ᵉ clef du basson ayant été ajoutée en 1751. (*Collection Geo. Kastner* et *Collection Clapisson.*)

Le basson, qui tient dans la famille des hautbois le même rang que le violoncelle dans le quintette des instruments à cordes et à archet, passe pour avoir été inventé en 1539 par Afranio, chanoine de Pavie. Les Italiens l'appellent *fagotto*, à cause de la ressemblance que les 3 pièces réunies ou démontées de cet instrument offrent avec un *fagot*. La forme du basson a varié beaucoup, et il y avait autrefois tout un groupe de ces instruments, composé du basson proprement dit, de la basse de hautbois, du fagot et du cervelas. L'étendue actuelle du basson est de 3 octaves et une quinte : du *si* ♭ au-dessous des lignes de la clef de *fa* jusqu'au *fa* de la 5ᵉ ligne de la clef de *sol*. Ozy, Blasius et récemment Eug. Jancourt ont publié des méthodes de basson.

341. — Basson allemand.

Il est l'œuvre de Wincweer et n'est garni que de 6 clefs en cuivre. (*Collection Clapisson.*)

342. — Basson allemand.

Cet instrument, garni de 5 clefs en ivoire et de 2 clefs en cuivre, a été fabriqué en 1779 par Ch.-Aug. Grenser (1720-v. 1805), oncle et maître d'Henri Grenser, inventeur de la clarinette basse. Cet habile facteur de la cour de Dresde n'a pas peu contribué aux perfectionnements du basson qui, en 1755, ne comptait encore que 4 clefs (celles de *si* ♭, de *ré* et *fa* graves et de *la* ♭). (*Collection Clapisson.*)

343. — Basson de Buhner et Keller.

Ce basson, muni de 13 clefs en cuivre, diffère des instruments sortis des ateliers de Savary et autres facteurs français par la place affectée à la clef d'*ut* ♯ grave, par celle de la clef de *mi* ♭ du medium et de son octave supérieure, ainsi que par celle de la clef d'*ut* ♯ du medium et de son octave supérieure.

Buhner et Keller, longtemps établis à Strasbourg, place Kléber, ont dû fabriquer ce basson de 1820 à 1825. Ils excellaient dans la facture des instruments en bois, et l'on peut voir par la perce de celui-ci qu'ils appartenaient à l'école allemande.

344. — Basson.

Cet instrument, accompagné de son corps de rechange, est aussi de Buhner et Keller, de Strasbourg. (*Collection de M. le Dr Fau.*)

345. — Basson de Fr. Gebauer.

Ce basson de l'habile facteur Savary date de 1826 et n'avait primitivement que 10 clefs. L'éminent virtuose-compositeur Fr. Gebauer (Versailles, 1773 — Paris, 1845) s'en servit jusqu'en 1835, époque à laquelle cet excellent professeur du Conservatoire (1824 à 1838) le donna à M. Jancourt, son élève favori, qui y fit ajouter la clef de *si* ♭, la clef dite de bocal et la clef de *do* ♯. (*Don de M. Jancourt.*)

346. — Contre-basson.

Il est muni de 6 clefs en cuivre et porte le nom de G. Schuster.

Le contre-basson sonne une octave plus bas que le basson ordinaire. Il s'étend du *ré* grave jusqu'au *la*.

347. — Petite clarinette en mi ♭.

Elle est garnie de 6 clefs en cuivre et sortie des ateliers d'Amlingue. (*Don de M. Eug. Jancourt.*)

La petite clarinette en *mi* ♭, employée dans la musique militaire, s'étend du *mi* ♭ au-dessous des lignes de la clef de *sol* jusqu'au *sol* au-dessus des lignes additionnelles.

348. — Petite clarinette en mi ♭.

Cette petite clarinette en ébène, avec garniture en melchior, est à anneaux mobiles. Comme les clarinettes en *ut*, en *si* et en *la*, elle a été inventée, en 1843, par MM. Buffet-Crampon et Blancou fils, qui ont donné à leur système le nom d'*omnitonique*, pour le distinguer du système Boehm, qu'à la même époque M. Klosé adaptait à la clarinette. Ce système omnitonique avait pour but de ne rien changer au doigter de la clarinette à 13 clefs et de perfectionner les fourches de la main gauche et de la main droite, tout en simplifiant le doigter du *fa* ♯ et du *si* ♮ de la main droite.

349. — Clarinette française (en fa.)

Cette clarinette, du très-bon facteur Amlingue, est en buis, avec viroles en ivoire et 5 clefs en cuivre. (*Collection Clapisson.*)

La clarinette, inventée à Nuremberg vers 1690 par Jean-Christophe Denner (Leipzig, 1655 — Nuremberg, 1707), n'avait dans le principe que 2 clefs (*la* et *si* ♭); on en ajouta, vers 1760, une 3e qui donnait le *si* du medium et le *mi* grave; puis, une 4e pour l'*ut* ♯ du medium et le *fa* ♯ grave; Jos. Beer (1744-1811) imagina la 5e pour le *mi* ♭ et le *la* ♭ grave, et X. Lefèvre la 6e pour l'*ut* ♯ ou *ré* ♭ du chalumeau, et à la 2e octave pour le *sol* ♯ ou *la* ♭. Mais, même avec la clarinette à 6 clefs (1791), on était obligé de recourir à des corps de rechange pour passer d'un ton dans un autre. Iwan Muller (1781-1854) imagina en 1811 la clarinette à 13 clefs, qui permettait de jouer dans tous les tons sans changer d'instrument. Depuis lors la clarinette n'a cessé de se perfectionner, et Buffet y appliqua le système des anneaux mobiles en 1843.

L'étendue de cet instrument est de 3 octaves et une sixte: du *mi* au-dessous du *sol* grave du violon jusqu'à l'*ut*. Parmi les meilleures méthodes de clarinette, on peut citer celles de Fréd. Berr et de Klosé.

350. — Clarinette française.

Cette clarinette en buis, garnie de 5 clefs en cuivre, est d'Amlingue. (*Collection Clapisson.*)

351. — Clarinette française.

Elle est en tout semblable à la précédente. (*Collection Clapisson.*)

352. — Clarinette en si ♭.

Cette autre clarinette d'Amlingue est garnie de 6 clefs en cuivre et d'une clef en argent. (*Don de M. Jancourt.*)

353. — Clarinette en ut.

Elle est aussi d'Amlingue et garnie de 7 clefs en argent. (*Don de M. Jancourt.*)

354. — Clarinette française (en fa grave).

Elle est en buis, à 6 clefs, et fabriquée par M. Raingo, vers 1800.

355. — Clarinette de Xavier Lefèvre.

Cette clarinette en buis est à 13 clefs et date de 1824, époque à laquelle J.-X. Lefèvre (Lausanne, 6 mars 1763 — Paris, 9 novembre 1829) adopta les perfectionnements apportés à la construction de l'instrument dont il jouait d'une façon si remarquable.

Professeur au Conservatoire de musique, depuis la création de cette école jusqu'au mois de février 1825, clarinettiste-solo de l'opéra et musicien de la chapelle sous l'Empire et sous la Restauration, J.-X. Lefèvre a écrit une bonne méthode de clarinette.

L'instrument que M. Jancourt a donné au musée lui a été cédé par Mme Villeneuve, qui le tenait de son père M. Colombet. Ce clarinettiste-amateur de talent en avait fait l'acquisition à la vente après décès du mobilier de J.-X. Lefèvre. (*Don de M. Jancourt.*)

356. — Bec de clarinette en cristal taillé.

Ce genre de bec de clarinette a été imaginé par M. Cattaert vers 1840. (*Don de M. Cattaert.*)

357. — Canne-clarinette.

L'instrument est à 5 clefs. (*Collection Clapisson.*)

358. — Clarinette d'amour (en la ♭.)

Elle est en buis et a 7 clefs en cuivre. Point de nom d'auteur. (*Collection Geo. Kastner. — Collection Clapisson.*)

La clarinette d'amour sonne une tierce plus bas que la clarinette ordinaire, par suite de la longueur du tube et du bec recourbé de l'instrument.

359. — Clarinette d'amour.

Instrument dû au même facteur inconnu. Il est en tout semblable au précédent. (*Collection Geo. Kastner. — Collection Clapisson.*)

360. — Clarinette-alto ou cor de basset.

Cet instrument a 7 clefs en cuivre et se termine par un pavillon en cuivre. Il a été fabriqué par les facteurs strasbourgeois Buhner et Keller. (*Collection Geo. Kastner. — Collection Clapisson.*)

Le cor de basset, que les Italiens appellent *corno bassetto* et les Allemands *basset-horn*, sonne une quinte plus bas que la clarinette en *ut*; aussi ne manquait-on jamais de dire autrefois *cor de basset en fa*, et peut-on nommer aujourd'hui cet instrument une clarinette-alto. Il s'étend du *fa* au-dessous des lignes de la clef de *fa* jusqu'au *sol* au-dessus des lignes de la clef de *sol*. Le cor de basset passe pour avoir été inventé en 1770 à Passau (Bavière) ; Lotz, de Presbourg, le perfectionna en 1782.

361. — Cor de basset allemand.

Il est de Pfaff. Il a 10 clefs en cuivre et le pavillon, qui est en buis comme les corps de l'instrument, a la forme d'une boule.

362. — Cor de basset allemand.

Cet instrument, dont le corps est en buis et le pavillon en cuivre, est à 14 clefs. J.-G. Freyer, de Potsdam, l'a fabriqué. (*Collection Geo. Kastner. — Collection Clapisson.*)

363. — Harmonica métallique.

C'est là un jouet d'enfant, bien plutôt qu'un instrument de musique ; mais il est intéressant, parce qu'on y voit un ingénieux emploi de l'anche libre. A chaque trou correspond une languette de cuivre que le souffle de l'exécutant met en vibration.

Les Allemands appellent ce petit instrument *harmonica de bouche*. On en attribue l'invention à un Badois (vers 1825) ; mais il était primitivement rond de forme et ne contenait que trois anches donnant la tonique, la tierce et la quinte. Il est évident que cette application de l'anche libre a été inspirée par l'*æoline* de Kœnigshoven et de Schlimbach et par le *physharmonica* d'Ant. Hœkel (1821), perfectionné en 1828 par Christian Dietz sous le nom d'*aérophone*. De ces instruments à anches libres sans tuyaux est née la famille des *accordéons*.

III.

INSTRUMENTS A ANCHES AVEC RÉSERVOIR D'AIR.

Il y a deux espèces bien distinctes d'instruments avec réservoir d'air : les uns, à anches battantes, se jouent avec les lèvres ; les autres, à anches battantes ou à anches libres, se jouent avec les doigts de la main et sont munis d'un clavier, souvent même de plusieurs claviers. La première branche de cette famille d'instruments à vent comprend la cornemuse avec tous ses dérivés, tels que la musette, la sourdeline et la zampogne ; à la seconde branche appartient l'orgue, qui compte plusieurs variétés.

La cornemuse, d'une antiquité reculée, est-elle d'origine celtique ? On le pourrait croire, car elle est restée populaire dans la basse Bretagne, en Irlande et en Écosse. Nos anciens poëtes l'appellent pipe, pibole, chalemelle, chalemie, muse, musette, sacomuse, chevrette, vize, loure, et ces appellations différentes désignent les parties essentielles de cet instrument, qui se compose d'une outre à laquelle on applique des chalumeaux, des hautbois ou des cromornes. Le vent s'introduit dans l'outre soit par la bouche, soit par un soufflet que le bras gauche du musicien met en jeu. Le vent sort par trois chalumeaux qu'on nomme : le grand bourdon, le petit bourdon, et la flûte, qui est à anche battante et qui, par conséquent, est un véritable hautbois.

La syrinx et la cornemuse ont vraisemblablement suggéré l'idée de l'orgue. L'instrument à tuyaux avec réservoir d'air, que Fr. Blanchini appelle *organum pneumaticum* ressemble, en effet, à un orgue auquel il ne manque plus que le clavier, à la place des chalumeaux percés de trous. (V. *De tribus generibus instrumentorum,* p. 11.) Outre l'orgue pneumatique, les anciens ont connu l'orgue hydraulique, dans lequel le vent était poussé par la pression de l'eau.

Parmi les orgues à simple clavier des premiers siècles chrétiens, nommons d'abord l'orgue portatif, assez petit pour qu'on pût le porter et en jouer tout en marchant ; puis, l'orgue positif, ainsi appelé parce qu'il fallait le poser sur un meuble ou sur un plancher, à cause de ses dimensions ou de son mécanisme. Les *régales*, que les Italiens nommaient aussi *regali* ou bien encore *ninfali*, sont une espèce de *positif*. Les orgues d'église, d'une grande dimension, ne firent perdre faveur aux orgues portatifs ou orgues de chambre, comme on les désignait en Angleterre, qu'à partir du moment où l'on commença de les construire avec assez d'habileté pour en rendre le clavier facile et les jeux variés. Ce n'est point ici qu'on peut écrire l'histoire et donner une description complète du roi des instruments; nous renvoyons les musiciens et les lecteurs studieux au grand ouvrage de dom Bédos de Celles : *l'Art du facteur d'orgues*, Paris, 1766-78. Il nous suffira de dire que le grand orgue a 1, 2, 3, 4 ou 5 claviers superposés, sans compter celui des pédales, qu'on nomme ainsi parce qu'on en fait parler les touches de bois avec les pieds. Les cinq claviers superposés s'appellent : 1° clavier de positif ; 2° de grand orgue ; 3° de bombarde ; 4° de récit, et 5° clavier d'écho. Le nombre des tuyaux est nécessairement très-variable, et ces tuyaux sont les uns en bois, les autres faits d'un mélange d'étain et de plomb. Il y en a de construits comme les flûtes à bec, c'est-à-dire à *bouche ouverte*, et d'autres dont l'ouverture supporte une languette de cuivre ou *anche*. On divise les séries de tuyaux par *jeux*, et l'on nomme *registre* le mécanisme à l'aide duquel l'organiste *régit* ou gouverne le vent renfermé dans le sommier, de façon à mettre en vibration tel ou tel des jeux à bouche ou des jeux d'anches. Les touches des claviers correspondent donc à des soupapes ouvrant et fermant à volonté les trous du sommier auquel aboutit l'orifice des tuyaux, et les ouvertures pratiquées dans le sommier laissent passer l'air que fournit le réservoir, au moyen des soufflets.

L'étendue de l'orgue dépend de sa dimension, qui se désigne par la longueur en pieds du plus grand tuyau de l'instrument, répondant à la note la plus grave du clavier. On dit ordinairement un orgue de 32 pieds, un orgue de 16, de 8 ou de 4 pieds. L'orgue qui possède, avec le jeu le plus grave qu'on nomme flûte ouverte de 32 pieds, la flûte ouverte de 16 pieds, la flûte ouverte de 8 pieds, le prestant de 4 pieds et la doublette qui sonne à l'octave haute de la flûte ouverte de 4 pieds, offre au musicien un clavier de 8 octaves d'étendue.

L'orgue des classes du Conservatoire est un 8 pieds ; celui de la grande salle des concerts est un 16 pieds.

(Nous croyons à peine nécessaire de rappeler qu'un tuyau fermé a le même son fondamental qu'un tuyau ouvert de longueur double.)

L'orgue d'église, en dépit de ses jeux multiples qui comprennent la *voix humaine*, le *tremblant doux* et le *tremblant fort,* est un instrument auquel il manque cependant le moyen d'augmenter ou de diminuer graduellement l'intensité du son. Claude Perrault, le premier, conçut l'idée de rendre l'orgue *expressif* (1) ; mais ce ne fut qu'après l'invention du *piano organisé* par André Stein (1772), et qu'après les essais de Séb. Erard pour tirer parti de l'anche libre (1795), essais qui excitèrent l'enthousiasme de Grétry (2) ; ce ne fut qu'au commencement de ce siècle, en 1810, que Grenié réalisa le problème de nuancer le son sur l'orgue. L'*orgue expressif,* imaginé par Grenié et qu'il croyait appelé à prendre place entre le piano et le grand orgue, doit être considéré comme le père de l'*organo-xoline,* de l'*xolodicon,* de l'*adelphone,* de l'*adiaphonon* et autres instruments du même genre. Parmi les facteurs qui se sont le plus distingués en tirant parti de l'anche libre, citons seulement : Reictein, inventeur de l'*aélodicon* (1820), sorte d'harmonica ; Buffet, créateur des harmonicas métalliques, qu'on a nommés *accordéons* (1827) ; Cavaillé-Coll, qui exposa en 1834 le *poïkilorgue ;* Alex. Debain, qui appela *concertina* l'orgue expressif qu'il soùmit à l'approbation du public en 1838, et qui fit breveter en 1842, sous le nom d'*harmonium*, celui que le monde entier a maintenant adopté.

Beaucoup de personnes reprochent à l'anche libre de produire un son doux et agréable, mais bientôt fatigant : si les instruments à anches libres provoquent promptement la lassitude, n'est-ce point parce qu'ils agissent avec trop d'énergie sur notre système nerveux ?

364. — Musette française.

Cette riche musette date du temps de Louis XIV. Le soufflet en velours et le porte-vent sont brodés en argent fin ; les bourdons et la flûte sont en ivoire, avec clefs en argent. (*Collection Clapisson.*)

Sous Louis XIV, la musette était un instrument favori, qu'on entendait

(1) V. les dix livres d'architecture de Vitruve, etc. Paris, édition de 1674, p. 327.
(2) V. *Mémoires de Grétry,* t. III, p. 424-425.

dans les concerts de la cour. Il figurait dans l'orchestre de la *grande écurie* et Lully l'introduisit à l'opéra.

Le 1er *Traité de musette*, par Ch. Borjon, parut à Lyon en 1672 ; on y trouve des indications précieuses relativement à l'histoire et à la construction de la cornemuse et de la musette. On confond généralement ces deux instruments l'un avec l'autre ; mais, pour ne signaler qu'une différence essentielle, l'outre de la musette reçoit le vent d'un soufflet placé sous le bras gauche de l'exécutant, tandis que la cornemuse est insufflée par la bouche du joueur.

365. — Musette française.

Elle est en ivoire, munie de son soufflet et de 10 clefs en argent. Sac de soie richement brochée, en parfait état de conservation. Cette belle pièce date du temps de Louis XIV. (*Collection de M. le Dr Fau.*)

366. — Musette française.

Le porte-vent en est richement brodé. Les bourdons et la flûte sont en ivoire, avec clefs en argent. L'agrafe est en cuivre doré, avec ornements et fleurs-de-lis en acier. Le style et le nombre des clefs de cet instrument indiquent qu'il appartient à l'époque de Louis XV. (*Collection Clapisson.*)

367. — Musette française.

Instrument de la même époque que le précédent. Carle Vanloo (Nice, 1705-1765) l'a possédé, et ce maître brillant l'a reproduit dans son tableau représentant la famille de Louis XV, qu'on voit au musée de Versailles. (*Collection Clapisson.*)

368. — Fragment d'une musette.

Fragment d'un chalumeau à filets d'ébène et d'ivoire. (*Collection Clapisson.*)

369. — Pibroch écossais.

Il est en buis, avec viroles en ivoire et garniture en cuivre. Il est muni de son soufflet.

En langue gaélique, cet instrument s'appelle *piob mhor,* et, dans le pays de Galles, il se nomme *pibau;* de là, le nom de *pibroch,* que nous avons adopté. (*Collection Clapisson.*)

370. — Musette écossaise.

Elle est en tout semblable à la précédente. (*Collection Clapisson.*)

371. — Cornemuse du Nivernais.

Le portant, le grand bourdon, le petit bourdon et la flûte de cette belle cornemuse sont enrichis de jolis ornements en étain découpé. (*Collection Clapisson.*)

372. — Cornemuse du Nivernais.

Elle est de tous points semblable à la précédente et, comme elle, dans un parfait état de conservation. (*Collection Clapisson.*)

373. — Cornemuse du Nivernais.

Le chalumeau et les bourdons sont ornés d'incrustations en étain. Sac de velours d'Utrecht jaune. (*Collection de M. le D* Fau.*)

374. — Cornemuse d'Auvergne.

Le chalumeau et les bourdons de cette cornemuse ont des viroles d'ivoire ; le sac est en velours rouge. (*Collection de M. le D* Fau.*)

375. — Cornemuse d'Auvergne.

Chalumeau et bourdons en ébène à viroles d'ivoire ; sac de velours jaune. (*Collection de M. le D* Fau.*)

376. — Régale à vent.

On appelait naguère de ce nom un petit jeu d'anches qui se plaçait sur une table. C'était, ainsi qu'on en peut juger par cette pièce rarissime, un petit orgue positif. Il se compose d'un jeu de trompette dont les tuyaux sont si courts qu'ils n'ont, pour ainsi dire, que l'anche ; — ce qui permettait, comme on le voit, de renfermer dans un livre faisant fonction de soufflet un jeu complet de régale.

Celui-ci, dont le clavier a une étendue de 4 octaves, date des dernières années du seizième siècle. Il a été fait en Allemagne, où ce genre d'orgues a longtemps joui d'une grande faveur, surtout pour accompagner le chant dans les églises.

Prætorius a donné le dessin de cet instrument, et il attribue l'invention des régales à vent à un moine qu'il ne nomme point (V. *Syntagma musicum*, t. II, p. 73) ; mais comme, dès la seconde moitié du neuvième siècle, les Allemands avaient des orgues et savaient les construire, peut-être existait-il de ces petits orgues positifs avant le seizième siècle.

377. — Deux tuyaux d'orgue.

Ces deux tuyaux datent du seizième siècle. Ils décoraient l'ancien orgue de l'abbaye de Poligny (Jura). Ils étaient placés dans le milieu des plates faces de la montre du positif. (*Don de M. A. Cavaillé-Coll.*)

IV.

INSTRUMENTS A VENT AYANT UNE EMBOUCHURE.

En musique le mot *embouchure* a deux acceptions : on l'applique
à la manière dont on embouche certains instruments à vent, et à
cette partie mobile de quelques instruments à vent que l'exécutant
pose contre ses lèvres pour introduire l'air dans le tube sonore.
Nous avons parlé des instruments ayant un bec ou une anche : il
nous reste à classer ceux dont l'embouchure, en ivoire ou en métal,
a la forme d'un petit entonnoir.

Cette famille d'instruments à embouchure presque toujours mobile est assez nombreuse. On la peut diviser en deux branches :
celle des instruments en bois, qui comprend les cornets à bouquin,
les serpents et le basson russe, et celle des instruments en cuivre
représentée par les trompes et les cors, les trompettes, les bugles,
les cornets avec ou sans pistons, la buccine, la saquebute, le
buccin, les trombones, les ophicléides, le bombardon, le bass-
tuba, ainsi que par les saxhorns et autres instruments imaginés
par Adolphe Sax, facteur ingénieux, mais ennemi du bois et du
timbre particulier qui caractérise les hautbois, les clarinettes et les
bassons de nos anciennes musiques militaires. La première de ces
deux branches n'offre guère d'intérêt musical; on peut même la
considérer comme à peu près éteinte, en France tout au moins, où
les cornets à bouquin fixe ou mobile ont cessé d'être en usage dès
le dix-huitième siècle, où le serpent a été remplacé par l'ophicléide et où le bass-tuba a été préféré avec raison au basson russe.

La branche des instruments en cuivre, dont la voix s'élève avec
tant d'éclat dans l'orchestre du dix-neuvième siècle, n'a vu disparaître que l'antique buccine et le moderne buccin. La buccine et la
saquebute du moyen âge, sorte de trompettes dont la tige était
repliée sur elle-même, avaient entre elles une grande ressemblance :
ces deux instruments ont amené la création du trombone, qui les a
remplacés. Le buccin de nos anciennes musiques militaires était
une espèce de trombone qui se distinguait des autres par un pavillon taillé en forme de gueule de serpent. Si la famille des instruments en cuivre a plutôt augmenté que diminué, elle a perdu de

6

son ancien caractère depuis qu'on a doté de pistons les cors, les trompettes et les trombones. Les progrès de la facture instrumentale ne sauraient se nier ; mais ils ont été parfois obtenus en altérant le timbre des instruments à vent, circonstance regrettable à tous les points de vue.

378. — Dessus de cornet italien.

Il est en bois recouvert de cuir et percé de 7 trous. Le corps de l'instrument, orné d'arabesques dorées, a la forme d'un serpent avec tête aplatie et gueule ouverte. Cette très-belle pièce date du seizième siècle et provient de la collection du comte Pietro Correr, héritier des Contarini. (*Collection de M. le Dr Fau.*)

Le cornet de cette espèce, que les Italiens appellent *cornetto curvo,* que les Allemands nomment *zinke* et que nous connaissons en France sous le nom de *cornet à bouquin,* était un instrument favori au seizième et au dix-septième siècle. Le P. Mersenne parle des concerts de cornets (à 4 et 5 parties) que l'on formait de son temps, et il vante fort le mérite du cornettiste Quiclet, musicien de la chambre du roi Louis XIII, et le talent de Sourin, virtuose d'Avignon. L'étendue du dessus de cornet était d'une seizième, à partir de l'*ut* de la clef d'*ut* 1re ligne. La longueur de l'instrument était d'un pied trois quarts, dit le P. Mersenne. La taille avait le même nombre de trous que le dessus de cornet, mais un des 7 trous était bouché par une clef. La basse de cornet, longue de 4 pieds, avait aussi une clef et l'étendue d'une neuvième.

379. — Dessus de cornet.

Cet instrument en cuir noir, avec tête d'animal dont la gueule ouverte forme pavillon, semble de la fin du seizième siècle et de fabrique anglaise. M. Viollet-le-Duc l'a dessiné dans son *Dictionnaire raisonné du Mobilier français* (t. II, p. 271) ; mais c'est sans doute par suite d'une erreur typographique qu'il l'y appelle une flûte. (*Collection de M. le Dr Fau.*)

380. — Dessus de cornet à bouquin.

Il est en bois recouvert de cuir à pans coupés, et percé de 8 trous, dont 7 sur le devant. Cet instrument date du commencement du dix-septième siècle. (*Collection Besse-Dumas.*)

L'étendue du cornet percé de 7 trous sur le devant est la même que celui qui en avait seulement 6 ; mais les instruments ayant cette disposition sont devenus fort rares.

381. — Dessus de cornet italien.

Ce cornet du dix-septième siècle, en cuir noir et à pans, a une courbe élégante. Il provient de la collection du comte P. Correr. (*Collection de M. le D*r *Fau.*)

382. — Dessus de cornet à bouquin.

Il est en bois, à pans coupés et façonnés, percé de 7 trous dont 6 sur le devant, et de forme presque droite. Dix-septième siècle. (*Collection Clapisson.*)

383. — Dessus de cornet en ivoire.

Ce cornet italien est à pans coupés, ornés et gravés ; 7 trous dont 6 sur le devant. Pièce du temps de Louis XIII. (*Collection Clapisson.*)

384. — Dessus de cornet en ivoire.

Il est du même genre et de la même époque que le précédent ; mais il est muni de son *bouquin* (bocal), ce qui le rend fort précieux, car ces sortes d'embouchures sont devenues on ne peut plus rares. (*Don de M. Jacobson, de Stockholm.*)

385. — Dessus de cornet italien.

Il est en ivoire, à pans coupés et à facettes. Cette pièce, d'un beau travail, a été achetée à Naples par M. Fayet qui l'a donnée à L. Clapisson. (*Collection Clapisson.*)

386. — Dessus de cornet en ivoire.

Pièce italienne en tout semblable à la précédente. Même origine. (*Collection Clapisson.*)

387. — Gros cornet en S.

Ce gros cornet trapu, en cuir noir et à double jeu de trous, est long de 80 centimètres. Il date du commencement du dix-septième siècle et provient de la succession des Contarini. C'est une pièce des plus rares. (*Collection de M. le D*r *Fau.*)

388. — Taille de cornet en S.

Ce cornet-ténor, en cuir noir et à pans, a 107 centimètres de long. Il date des premières années du dix-septième siècle et provient de la collection du comte P. Correr. Autre pièce des plus rares. (*Collection de M. le D*r *Fau.*)

389. — Serpent italien.

Il est en bois recouvert de cuir et orné d'arabesques dorées. Cette pièce magnifique date du seizième siècle. (*Collection Clapisson.*)

Le serpent, vraie basse de cornet à bouquin, doit son nom à la forme qu'on a donnée à cet instrument pour en diminuer la longueur du tube sonore. L'abbé Lebeuf en attribue l'invention (1590) à Edme Guillaume, chanoine de la cathédrale d'Auxerre et économe de l'illustre Jacques Amyot. Cette date de 1590 a été adoptée par tous les musicographes ; mais nous la croyons erronée, et Edme Guillaume, selon nous, n'est probablement que l'introducteur en France du serpent, que les Italiens semblent avoir connu et fabriqué avec une habileté remarquable dès le milieu du seizième siècle.

Le serpent a une étendue de 3 octaves et une tierce : du *si* ♭ au-dessous des lignes de la clef de *fa* jusqu'au *ré* de la 4ᵉ ligne de la clef de *sol*.

390. — Serpent italien.

Ce serpent, d'une forme inusitée, originale et très-élégante, semble dater du seizième siècle et provient de la collection du comte P. Correr. Il est armé de clefs, ce qui prouve que Rigibo ne fut pas le premier à en doter cet instrument. Pièce historique et capitale. (*Collection de M. le Dʳ Fau.*)

391. — Serpent ordinaire.

Ce serpent sans clefs date du dix-huitième siècle et est antérieur aux améliorations introduites en 1780 dans la perce et la construction de cet instrument par Rigibo, artiste attaché à la musique de l'église Saint-Pierre, à Lille.

392. — Serpent sans clefs.

Il est en tout pareil au précédent. Ce type est celui dont on se servait généralement en France, dans les églises catholiques, pour accompagner le plain-chant. Le son de cet instrument est puissant, mais rauque ; la justesse n'en est pas irréprochable.

393. — Serpent sans clefs.

Même modèle que les deux précédents. (*Collection de M. le Dʳ Fau.*)

394. — Serpent militaire.

C'est Piffault, facteur d'instruments établi à Paris rue Bourtibourg, qui, en 1806, donna cette nouvelle forme au serpent.

395. — Serpent militaire.

Autre serpent Piffault. (*Collection de M. le Dʳ Fau.*)

M. Viollet-le-Duc a commis une erreur singulière en parlant de cet instrument tout moderne, dont il a donné le dessin. (V. *Dictionnaire raisonné du Mobilier français*, t. II, p. 324.)

396. — Serpent de cavalerie.

Il date du commencement de l'Empire, comme le serpent Piffault. Il est d'une forme bien contournée ; mais ces contours étranges et peu favorables à l'émission du son permettaient de passer le bras dans l'instrument et d'en assurer ainsi la position. (*Don de M. Crispin.*)

397. — Serpent militaire.

Il a 3 clefs en cuivre et un pavillon en l'air ayant la forme d'une tête énorme de serpent. Cet instrument date de la Restauration.

398. — Serpent avec pavillon en cuivre.

Cet instrument, garni de 4 clefs en cuivre, est du facteur Pezé. (*Don de M. Hetzel, d'Angers.*)

La forme nouvelle de ce serpent offre de l'analogie avec celle de l'ophicléide et date, sans doute, de l'époque où ce dernier instrument a été inventé, c'est-à-dire du commencement de la Restauration.

399. — Serpent Forveille.

Ce serpent n'a qu'une clef et a été vendu par Rust, établi à Lyon. (*Collection Clapisson.*)

Le facteur Forveille obtint une mention honorable à l'exposition de 1823 pour avoir donné au serpent cette forme nouvelle, qui rappelle celle d'une des espèces de basson russe.

400. — Serpent Forveille.

Autre type de serpent Forveille ; celui-ci a 3 clefs. (*Collection Clapisson.*)

Hermence a publié une méthode de serpent, où sont consignées les améliorations imaginées par le facteur parisien, qui resta longtemps établi rue de la Cerisaie.

401. — Basse de serpent.

Cet instrument est en fer battu et la forme de son pavillon lui donne l'aspect d'un immense éteignoir. (*Don de Mme Morderet, d'Angers.*)

402. — Ophicléide contre-basse (en fa grave.)

Ce modèle d'ophicléide contre-basse, imaginé en 1858 par M. Julien

Tollot, compositeur de musique militaire, est le seul qu'il ait fait exécuter.
Il est en cuivre jaune. (*Don de M. Julien Tollot.*)

Cet ophicléide contre-basse en *fa* grave se joue comme l'ophicléide ordinaire; seulement la clef de *si* ♮ se trouve remplacée par un piston dont le
rôle est de baisser d'un demi-ton toutes les notes de l'instrument, qui a une
étendue de 2 octaves et demie : du *fa* grave à l'*ut*.

Il y a plusieurs sortes d'ophicléides, instruments dont le nom signifie :
serpent à clefs (du grec *ophis*, serpent, et *cleis,* clef) : l'ophicléide alto en
mi ♭, qui résonne à l'unisson du trombone alto et dont l'étendue est de 3 octaves et une tierce, du *mi* ♭ au-dessous des lignes jusqu'au *sol* des lignes
additionnelles de la clef de *sol*; l'ophicléide alto en *fa*, qui a la même étendue ; l'ophicléide basse en *ut,* qui résonne à l'unisson du basson et s'étend
du *si* ♭ au-dessous des lignes de la clef de *fa* jusqu'à l'*ut* des lignes de la
clef de *sol*; l'ophicléide basse en *si* ♭, qui a la même étendue, mais résonne
un ton plus bas que la *basse d'harmonie,* nom qu'on donne souvent à l'ophicléide basse en *ut;* enfin l'ophicléide contre-basse en *fa* ou en *mi* ♭, qui
sonne à l'octave basse des ophicléides altos.

L'invention de l'ophicléide est due à un Hanovrien et remonte au commencement de ce siècle. Cet instrument fut apporté dans notre pays par
les musiques allemandes des armées étrangères, en 1815. Dès l'année 1819,
Spontini l'introduisit à l'Opéra, et ce fut Mongin qui en joua dans la fan-
fare d'*Olympie*. En 1821, Asté, dit Halary, prit un brevet pour ses ophicléides à 8 clefs, et Labbaye, presque en même temps, contribua beaucoup
à perfectionner la *basse d'harmonie,* qu'il munit de 10 clefs. Depuis lors,
la facture de ces instruments n'a cessé de se perfectionner.

Il existe plusieurs méthodes d'ophicléide : celle de Caussinus est fort
répandue.

403. — Trompe en faïence.

Cette belle trompe a la forme d'un serpent et l'émail en est éclatant.
(*Collection Clapisson.*)

404. — Trompe en faïence italienne.

Elle a, comme la précédente, la forme d'un serpent et l'émail en est
presque aussi beau que celui des faïences de Bernard de Palissy. (*Collection Clapisson.*)

405. — Trompe italienne.

Elle a aussi la forme d'un serpent à gueule ouverte, mais elle est en fer
repoussé. Au-dessous de la tête, on lit cette inscription : *** *Fecit in Roma,*
1630. (*Collection Clapisson.*)

406. — Trompe italienne.

Elle a la même forme que la précédente, mais on remarque le long du tube sonore de larges fleurs-de-lis. Pas de marque de fabrique. (*Collection Clapisson.*)

407. — Cornet en corne.

Ce cornet d'appel, dont le pavillon est enrichi de sculptures en relief, porte ce nom d'auteur : *Andrea*, et ce millésime : 1420.

408. — Petit cornet de postillon.

Ce cornet en fer date du quinzième siècle ; il est en fort bon état de conservation. (*Collection Clapisson.*)

409. — Cor d'appel en fer.

Il est du seizième siècle et parfaitement conservé.

410. — Petit cornet de chasse.

Ce petit cor d'appel, à l'usage des dames, est en ivoire sculpté et date du dix-septième siècle. Il est orné de sujets de chasse finement exécutés, et d'un groupe de tous les instruments de musique qui rappellent les concerts champêtres et les plaisirs cynégétiques. (*Collection Clapisson.*)

411. — Cornet de chasse.

Ce cornet de dame est en ivoire et orné de rubans sculptés qui s'enroulent gracieusement. Pièce du dix-septième siècle.

412. — Grande corne d'appel.

Cette pièce magnifique, et qui n'a peut-être point sa pareille au monde, date du seizième siècle et provient de la collection du comte P. Correr. On l'a coupée dans une défense d'éléphant longue d'un mètre et demi. L'extrémité fermée de l'instrument est taillée en pointe à 4 pans, comme certains fers de lance, et pouvait ainsi servir d'épieu de chasse. (*Collection de M. le Dr Fau.*)

413. — Petit cor en verre de Venise.

Il est en verre bleu et orné d'un cordon blanc en émail gracieusement enroulé. (*Collection Clapisson.*)

414. — Petit cor en verre de Venise.

Il est en verre blanc, avec cordon bleu en émail. (*Collection Clapisson.*)

415. — Petit cor en cuivre.

Ce petit cor est enrichi d'ornements gravés et de fleurs-de-lis en cuivre doré. On y voit gravé sur le pavillon le nom de Villedieu (Boisset de Ville-dieu?). Pièce du dix-septième siècle. (*Collection Clapisson.*)

416. — Trompe de chasse, en cuivre.

Les ornements du pavillon semblent indiquer que cet instrument est du temps de Louis XIII. (*Don de M. Crispin.*)

417. — Cor de chasse.

Cet instrument en cuivre, dû à un facteur français, est aussi du dix-septième siècle. (*Collection Clapisson.*)

418. — Petite trompe de chasse, en cuivre jaune.

Elle est d'une forme élégante et ornée de dessins très-finement gravés. (*Collection Clapisson.*)

419. — Cor de chasse.

Cet instrument, en cuivre rouge bruni, est du facteur anglais William Shaw, qui était établi à Londres (Red Lion street, Holborn), à la fin du siècle dernier. Ce modèle ancien se rencontre rarement. (*Collection de M. le Dr Fau.*)

Les cors de chasse n'ont point de corps de rechange; ils sont le plus souvent en *ut*, en *ré* ou en *mi* ♭. C'est un compositeur français, Campra (1660-1744), qui introduisit les cors de chasse à l'Opéra : ils y retentirent pour la première fois dans *Achille et Déidamie*, le 24 février 1735.

420. — Cor de Dauprat.

Cet instrument en cuivre, avec garniture en argent, est de l'excellent facteur Jos. Raoux, qui était établi à Paris dès 1769 et avait quitté la rue du Petit-Lion Saint-Sauveur pour habiter 8, rue Serpente, quand il devint fournisseur du Conservatoire. Ce cor a été donné en prix à L.-Fr. Dauprat (Paris, 1781-1868). Lauréat du Conservatoire en 1798, ce virtuose-compositeur d'un grand talent fut professeur-adjoint de cor depuis 1802 jusqu'en 1816 et professeur titulaire à partir du 1er avril 1816 jusqu'au 15 novembre 1842. (*Don de Dauprat.*)

Il y a des cors dans tous les tons, car on obtient ceux qui manquent dans l'échelle chromatique au moyen d'une rallonge baissant l'instrument d'un demi-ton. On ne peut donc préciser l'étendue du cor qu'en déterminant le ton du tube de rechange. Nous renvoyons aux méthodes de cor composées par Domnich, Duvernoy, Dauprat, Gallay, Meifred et J. Mohr.

421. — Canne-cor d'harmonie.

Ce cor, en *mi* majeur, est d'une bonne sonorité. Pièce curieuse, bien exécutée et fort rare. (*Collection Clapisson.*)

422. — Cornet russe.

Ce cornet en cuivre, aux armes impériales, est en *ré*. (*Collection Besse-Dumas.*)

423. — Clairon d'infanterie.

Lors de la guerre d'Espagne, en 1823, le ministre de la guerre demanda aux facteurs d'instruments établis à Paris de fabriquer pour l'infanterie française un instrument dont les sons fussent différents de ceux de la trompette de cavalerie. Ce clairon est le modèle de ceux que fournit Courtois frère. (*Don de M. Antoine Courtois.*)

Le clairon, véritable *bugle* simple, est d'ordinaire en *si* ♭ et ne donne que cinq notes d'émission facile qui s'écrivent sur la clef de *sol : ut* au-dessous des lignes, *sol, ut, mi, sol* au-dessus des lignes. Le *si* ♭ et l'*ut* à l'aigu ne s'obtiennent pas aisément. Le clairon n'a pas de corps de rechange, mais on donne à cet instrument ces trois diapasons différents : *ut, si* ♭, *mi* ♭. Le clairon en *si* ♭, perfectionné dans ses dimensions et percé de trous bouchés par 7 clefs, est devenu le type de la nombreuse famille des bugles-ophicléides.

424. — Cornet à pistons de Dufrêne.

Cet instrument en argent, à 3 pistons, est de Besson, qui l'a fabriqué pour son ami Dufrêne, ainsi que l'indique une inscription gravée. Le virtuose favori des concerts Musard et des concerts du Jardin turc s'est fait d'abord entendre sur un cornet à deux pistons : il ne s'est servi de celui-ci que dans les dernières années de sa vie. (*Don de Mme veuve Dufrêne.*)

L'étendue du cornet à 3 pistons est de 2 octaves et une tierce : du *sol* 1re ligne de la clef de *fa* jusqu'à l'*ut* des lignes de la clef de *sol*. Il existe des Méthodes de cornet; les plus répandues sont celles de Dufrêne, de Dauverné et d'Arban.

Dans la plupart des théâtres le cornet a usurpé la place des trompettes, avec lesquelles cependant il n'offre guère d'analogie.

425. — Trompette en cuivre.

Cette trompette de cavalerie date du temps d'Henri IV. Elle est ornée de fleurs-de-lis et l'on remarque, sur le pavillon de cet instrument non signé, le portrait du roi au milieu de soleils, de papillons et de fleurs-de-lis. (*Collection Clapisson.*)

La trompette a la même étendue à peu près que le cor : 3 octaves, de l'*ut* grave à l'*ut* aigu ; mais les tons de rechange permettent de transposer cette échelle naturelle sur tous les degrés chromatiques de la gamme. Nous renvoyons, pour tout ce qui concerne cet instrument, avec ou sans clefs, aux méthodes spéciales composées par David Buhl, Kresser et Dauverné.

426. — Trompette allemande en cuivre.

Les ornements en sont assez riches et gravés en relief. Sur le pavillon on lit le nom du célèbre facteur Johan Wilhelm Haas, de Nuremberg, qui florissait dans la seconde moitié du dix-huitième siècle. (*Collection Geo. Kastner. — Collection Clapisson.*)

427. — Trompette en argent.

Cette belle trompette en *ré*, dont le corps est en argent et dont le pavillon, les branches et les potences sont en cuivre, est décorée de trophées finement ciselés et gravés. On remarque sur le pavillon les armes de la maison de Saxe, et on y lit le nom du facteur Riedel, qui a fait cet instrument en 1755. (*Collection Clapisson.*)

428. — Trompette allemande en cuivre.

Cette trompette de cavalerie est du même style, du même temps et du même facteur que la précédente. (*Collection de M. Aimé Desmottes, de Lille.*)

429. — Trompette en cuivre.

La disposition du tube en est bizarre et paraît contraire aux lois d'une bonne sonorité. Les ornements du pavillon se font remarquer par leur finesse.

430. — Trompette de cavalerie en fa.

Cette trompette en cuivre, d'un beau modèle et d'une exécution soignée, est une des quatre trompettes qu'on entendait dans la cathédrale de Strasbourg, à chaque grande solennité religieuse et musicale. Après la révolution de 1790, elle devint la propriété d'une famille d'artistes éteints aujourd'hui et de qui l'acheta M. Charles Roth, facteur d'instruments de musique établi à Strasbourg.

Sur le pavillon de cette trompette on lit : Percival. — London. (*Don de M. Charles Roth, de Strasbourg.*)

431. — Trompette de cavalerie en mi ♭.

Cette trompette d'honneur, dont la garniture est en argent, est du facteur parisien Raoux fils, qui l'a faite en 1800. Elle porte sur le pavillon l'inscription suivante : « Le premier consul au citoyen Kretly, pour s'être distingué à la bataille de Marengo. » (14 juin 1800.)

Dauverné s'en est servi pendant dix ans à l'Opéra, après y avoir fait ajouter tous les corps de rechange nécessaires. (*Don de Dauverné.*)

432. — Trompette en mi ♭.

Cette trompette, en usage dans la cavalerie sous Napoléon Ier, est de Courtois frères. (*Don de M. Ant. Courtois.*)

433. — Trompette circulaire.

Cette trompette circulaire en cuivre est de Raoux, qui l'a faite en 1820. Fr.-A. Dauverné (Paris, 15 février 1800 — 4 novembre 1874) qui fut pendant 35 ans (1er juin 1833 — 1er janvier 1869), professeur de trompette au Conservatoire, n'a pas joué sur un autre instrument de 1820 à 1826, à l'orchestre de l'Opéra. C'est en 1826 qu'on substitua la trompette droite à la trompette circulaire, à l'Académie de musique. (*Don de Dauverné.*)

434. — Trompette circulaire en sol.

Cette trompette, de Courtois frère, est celle du virtuose Legros, attaché à l'orchestre de l'Opéra de 1826 à 1832. (*Don de M. Ant. Courtois.*)

435. — Trompette d'harmonie en fa.

Elle est des habiles facteurs Courtois frères. Ce type de trompette, qui jouait en *fa* et en *mi* ♭, avait reçu le nom de *trompette demi-lune,* par suite de la forme qu'on lui avait donnée. Cette forme avait été imaginée dans le but d'obtenir la gamme chromatique au moyen des sons bouchés. (*Don de M. Ant. Courtois.*)

436. — Trompette anglaise à rotation.

Elle est en cuivre de deux couleurs et porte la marque de fabrique de J. Goodison, qui était établi à Londres, 7, Sherrard street, Golden square.

437. — Trompette anglaise à rotation.

Cette trompette en cuivre est de J. Kohler qui l'a faite d'après le système de T. Harper. Kohler était établi à Londres, 35, Henrietta street, Covent Garden. (*Don de Dauverné.*)

438. — Canne-trompette.

Cette canne-trompette a été imaginée par J.-B. Du Pont (1783-1865), inventeur d'un cor d'harmonie omnitonique auquel l'Institut a décerné un prix en 1818. (V. le Rapport de Cherubini, lu dans la séance de l'Académie des beaux-arts du 21 février 1818.) (*Don de M. Du Pont, de Bordeaux.*)

439. — Trompette en verre.

Elle est sonore et juste. (*Collection Clapisson.*)

440. — Petite trompette en ivoire.

C'est plutôt un jouet et un objet de curiosité qu'un instrument de musique.

441. — Embouchure de trompette gallo-romaine.

Elle a été trouvée dans les environs du château de Pierrefonds.

442. — Embouchure de trompette.

Elle semble dater du quatorzième siècle.

443. — Embouchure de trompette.

Elle est en cuivre rouge et moins ancienne que le n° 442.

444. — Embouchure de trompette.

Elle semble dater du temps de Louis XIII, mais dénote un art arriéré.

445. — Trompette-tuba.

Cette longue trompette droite, du facteur Adolphe Sax, a servi pour la cérémonie des funérailles de Napoléon Ier, le 15 décembre 1840.

446. — Basse-trompette.

Cet instrument en cuivre jaune est de Frichot. Ce facteur, qui était établi à Lisieux (Calvados), l'inventa en 1810. Ce n'est, à proprement parler, qu'un perfectionnement du *basse-cor,* imaginé par Frichot en 1806.

La *basse-trompette* se joue au moyen de deux embouchures : l'une, de serpent ; l'autre, de trompette. Elle est percée de 6 trous et le tube se compose de 9 pièces. L'instrument a 4 corps de rechange : le 1er en *ut* naturel bas, le 2e en *ut* naturel haut, le 3e en *ut* ♯ (pour les églises), et le 4e en *ré* naturel. L'échelle de la *basse-trompette* comprend l'étendue du serpent et l'étendue réunie des parties de 2e et de 1re trompette. Le timbre de cet instrument a aussi un double caractère, et c'est là sans doute ce qui lui a valu son nom.

447. — Trompette russe.

Cette grande trompette russe, en cuivre jaune, est enrichie d'ornements découpés et gravés. Elle a 1ᵐ 73 de longueur. (*Collection Clapisson.*)

448. — Trompette russe.

Elle est en tout semblable à la précédente. (*Collection Clapisson.*)

449. — Trompette russe.

Elle est longue de 1ᵐ 70 et du même modèle que le nº 447 et le nº 448 ; mais le corps de l'instrument est en cuivre rouge et les ornements seuls sont en cuivre jaune. (*Collection Clapisson.*)

Ces trois grandes trompettes ont été rapportées de Sébastopol. Elles servent aux bergers russes pour appeler les troupeaux confiés à leur garde. A cause de leur longueur, elles exigent un souffle puissant. Le son en est plein et porte à une grande distance.

450. — Trombone alto en mi ♭.

Cet instrument, dû à Riedloker, facteur établi à Paris rue Porte-foin, 8, est celui dont le virtuose Bénard, musicien de l'Académie de musique, s'est servi à l'orchestre de ce théâtre depuis 1816 jusqu'en 1834. (*Don de M. Ant. Courlois.*)

Il y a quatre espèces de trombones ayant tous une étendue de 2 octaves et une sixte. Le trombone soprano, le plus petit et par conséquent le plus aigu de tous, est inusité en France. Le trombone alto s'étend du *la* ♮ au-dessous des lignes de la clef d'*ut* 3ᵉ ligne jusqu'au *sol* ♭ au-dessus des lignes.

451. — Trombone ténor.

Ce trombone, à coulisses coniques (cylindriques inégales) et avec ornements en argent, est sorti des ateliers de Courtois frères. Il porte sur le pavillon, non-seulement l'adresse de ces habiles facteurs d'instruments, mais cette inscription : « Premier prix décerné à l'élève Paul Delisse, année 1841. » Le lauréat du Conservatoire de musique, en 1841, est devenu depuis 1871 professeur de trombone dans cet établissement et a déjà formé plusieurs bons élèves.

Le trombone ténor sonne une quarte plus bas que le trombone alto : du *mi* ♮ au-dessous des lignes de la clef de *fa* jusqu'au *ré* ♭ au-dessus des lignes de la clef d'*ut* 4ᵉ ligne. (*Don de M. Delisse.*)

452. — Trombone basse en mi ♭.

Ce bel instrument, avec manche pour atteindre la 7ᵉ position, date de 1671 et est l'œuvre d'Otto, comme l'indique l'inscription suivante qu'on lit sur le pavillon : « Gemach. Detlof Otto. Anno 1671. »

Les traverses des coulisses sont finement gravées et la potence est ornée d'une petite figurine pleine de mouvement. On remarquera la disposition du pavillon, qui est tourné en l'air, et l'on pourra se convaincre que les coulisses sont simples et sans bout à l'intérieur.

453. — Trombone basse à coulisses, en sol.

Ce riche et bel instrument, qui figurait à l'exposition de Moscou (1872), a valu une médaille d'or à M. Ant. Courtois. (*Don de M. Ant. Courtois.*)

Le trombone basse en *sol*, très-fatigant à jouer, n'a pas encore été adopté par nos compositeurs français; mais il est employé à l'étranger, et on l'entend dans les grands théâtres d'Angleterre, d'Allemagne et de Russie.

SECTION III.

Instruments à percussion des pays européens.

Le premier moyen que l'homme ait employé pour produire un son non vocal a sans doute été le battement des mains l'une contre l'autre, et les instruments à percussion sont vraisemblablement ceux qui du rhythme le plus élémentaire l'ont conduit à des essais de musique véritable. Mais comme les instruments de cette famille rendent, à peu d'exceptions près, soit un son indéterminé, soit une note unique, ils n'offrent pas beaucoup d'intérêt musical. Le génie cependant d'un rien sait faire quelque chose, et il nous serait facile de citer des morceaux où le tambour, les timbales, le tam-tam ou les cloches jouent un rôle capital et contribuent à un effet admirable.

La famille des instruments à percussion se peut aussi diviser en plusieurs branches : celle des tambours, celle des instruments sonores en métal et celle des harmonicas sont les plus importantes et les plus faciles à grouper.

La branche des instruments de percussion à peau tendue est assez nombreuse, fort ancienne et répandue dans toutes les parties du monde. Elle comprend des instruments qui se battent avec des baguettes ou qui se frappent avec la main ; mais le tambour à main ou tambourin ne s'est pas toujours joué d'une seule façon, et le mot tambourin lui-même a reçu plusieurs acceptions, avant de garder celles qu'on lui donne aujourd'hui. Parmi les tambours militaires nous distinguerons ceux qui se sont introduits dans l'orchestre moderne sous le nom de caisse roulante, de caisse claire et de timbales. A ce groupe se rattache la grosse caisse. Les tambours à main des anciens sont devenus des tambours de basque, et nous appelons tambourins de petits tambours dont la caisse est fort allongée et qui se battent avec des baguettes. Nous avons même appliqué ce nom de tambourin à un instrument monté de cordes qui se frappent avec un bâton.

Parmi les instruments à percussion en métal ou en bois qui n'ont pas de ton déterminé, nommons d'abord le sistre des anciens, puis les grelots, les cymbales, le triangle, le pavillon chinois de nos anciennes musiques militaires, les castagnettes, les crécelles, et enfin le tam-tam. Les cloches forment un groupe à part, parce que, chacune d'elles pouvant rendre un des sons de la gamme, elles se prêtent à la formation des carillons.

Les jeux de cloches et de timbres nous conduisent à parler des nstruments formés de lames de bois sonore, de lames ou de globes de verre, en un mot, des harmonicas. Les échelettes sont, en effet, de véritables harmonicas, et les régales de percussion, les régales de bois avec clavier, d'invention flamande, ont précédé les harmonicas, composés de gobelets ou de lames de verre, imaginés par l'Irlandais Puckeridge, par Franklin, par Rœllig, par Lenormand et par Renaudin. L'espèce d'harmonicas où le son s'obtient en passant un doigt humide sur le bord mouillé d'un gobelet, ne doit pas être classée avec celle des harmonicas dont les lames de verre, placées en ligne horizontale et retenues par des fils qui ne les empêchent pas de vibrer librement, se frappent avec un petit marteau de liége : il convient, selon nous, de ranger la première espèce de ces harmonicas parmi les curiosités instrumentales dues au frottement et de n'accorder qu'à la seconde une place à part parmi les instruments à percussion. Mais nous croyons pouvoir affirmer que le temps de la grande faveur des harmonicas de tous genres a été la seconde moitié du dix-huitième siècle : l'invention de Franklin date de 1760, et c'est en 1788 que W.-Ch. Müller a publié à Leipzig sa méthode d'harmonica.

454. — Timbales de cavalerie.

Ces petites timbales, dont les bassins demi-sphériques en cuivre sont ornés de guirlandes repoussées et de fleurs-de-lis, datent de la première moitié du dix-septième siècle. Il est rare d'en trouver de complètes; celles-ci ont leurs clefs et leurs supports à sangle. (*Collection de M. le Dr Fau.*)

Les timbales, d'origine asiatique, furent introduites en Europe par les Sarrasins. On les nomma d'abord *naquaires* ou *nacaires*. Elles ont cessé maintenant d'être en usage dans la cavalerie française; mais elles jouent un rôle musical de plus en plus important dans la symphonie moderne.

On emploie généralement à l'orchestre deux timbales d'inégale grandeur ; elles s'accordent au moyen de vis destinées à tendre la peau qui recouvre les bassins de cuivre et placées autour de l'instrument. La plus petite des timbales peut s'accorder à l'un des degrés compris entre le *si* b et le *fa* des lignes de la clef de *fa* ; la plus grande peut donner depuis le *fa* au-dessous des lignes jusqu'à l'*ut* d'entre les lignes de la clef de *fa*. On choisit presque toujours pour les accorder les deux sons correspondant à la tonique et à la dominante du morceau ; mais cet accord à la quarte ou à la quinte n'est pas obligatoire. Quand on veut obtenir un son doux et velouté, les timbaliers se servent de baguettes recouvertes d'une peau souple ou d'une matière moelleuse. Dans les marches funèbres ou les morceaux d'une couleur sombre et triste, on met un voile sur la peau des timbales : Méhul, dans l'ouverture de *Stratonice* (1792) et Steibelt dans le 3e acte de *Roméo et Juliette* (1793) ont, les premiers, tiré parti des *timbales voilées*. Meyerbeer, dans le 2e acte de *Robert-le-Diable*, a employé 3 timbales ; il avait même écrit primitivement ce solo pour 4 timbales ainsi accordées : *ut, sol, ré, mi*, des lignes de la clef de *fa*.

Il existe des méthodes de timbales par Altenburg (1734), Boracchi et Georges Kastner.

455. — Tambour de Provence, *dit* tambourin.

Sur la caisse de ce gracieux modèle de tambour, on remarque une guirlande et des baguettes finement sculptées. L'instrument est accompagné de sa baguette. (*Collection de M. le Dr Fau.*)

Le tambour de Provence ou tambourin a souvent figuré dans la musique lyrique. On l'a même employé avec un tel succès dans les divertissements de nos opéras français, qu'on a donné le nom de *tambourin* à une danse théâtrale à 2/4 fort animée, dont la musique imitait les effets du tambourin joint au galoubet, ou bien était écrite pour faire valoir ces deux instruments.

456. — Tambourin de Provence.

Cet instrument date du temps de Louis XIII, et la caisse en est ornée de dessins finement sculptés. (*Collection Clapisson.*)

457. — Tambourin de Provence.

La forme en est élégante et la caisse est ornée de filets et d'enjolivements sculptés d'un travail soigné. (*Don de M. Strauss.*)

458. — Tambourin à cordes de Gascogne.

Il est d'un style assez riche et date du dix-huitième siècle.

Le tambourin de Gascogne, comme le tambourin basque, est monté de

7

6 cordes accordées en quinte et fixées par des chevilles à l'extrémité inférieure de l'instrument. Une ouïe ou rosette se remarque à chaque bout de
la table d'harmonie. (*Collection Clapisson.*)

459. — Tambourin basque.

Modèle simple de cet instrument national des Basques. De la main droite
on frappe les cordes avec un bâton recouvert de velours, tandis que de la
main gauche on joue du galoubet. (*Collection de M. le Dr Fau.*)

460. — Tambour de basque.

Ce grand et bel instrument d'orchestre est orné de peintures. Virole en
ivoire pour le pouce et clefs. Époque de Louis XVI. (*Collection de M. le
Dr Fau.*)

Cet instrument, que nous ont légué les anciens, a toujours été inconnu
aux Basques, malgré le nom qu'il a reçu de nous. Il s'emploie fréquemment
dans la musique de danse, et l'on en obtient des effets nombreux et
piquants, ainsi qu'on en pourra juger en consultant la Méthode de tambour
de basque composée par J. Frey.

461. — Cymbales.

Elles sont de petit format, mais finement gravées. (*Collection de M. le
Dr Fau.*)

Les cymbales sont ainsi nommées parce que cet instrument de musique
se compose de deux plaques circulaires d'airain ayant chacune à leur centre
une petite concavité (du grec *kumbalos*, creux). La dimension de ces plaques est généralement de 33 centimètres de diamètre et de 2 millimètres
d'épaisseur. Les cymbales des anciens avaient un ton déterminé ; celles
dont nous nous servons appartiennent, au contraire, à la catégorie des
instruments dont le son n'est pas appréciable. Elles figurent à l'orchestre
et on les y emploie le plus souvent de concert avec la grosse caisse. Mais,
isolées de cet instrument bruyant, on en peut obtenir des effets saisissants,
ainsi que Glück l'a prouvé dans le chœur des Scythes d'*Iphigénie en
Tauride.*

462. — Pavillon chinois.

Il est aux armes de Bavière, et les ornements en cuivre qui le décorent
sont finement gravés et ciselés. Cet instrument a sans doute appartenu à
la musique militaire d'un régiment de la garde et date du dix-huitième
siècle.

Cet instrument, qu'on appelle aussi *chapeau chinois,* nous vient d'Asie,
son nom le dit. A proprement parler, ce n'est qu'un jeu de clochettes. Le

pavillon chinois a figuré dans les musiques militaires de nos régiments d'infanterie, et il y accompagnait toujours la partie de grosse caisse. On ne s'en sert plus aujourd'hui.

463. — Tam-tam.

Il a servi à la cérémonie funèbre du retour des restes de Napoléon Ier, le 15 décembre 1840.

Le tam-tam est d'origine asiatique. Il n'y a pas bien longtemps qu'on l'emploie avec succès dans la composition musicale : on l'entendit pour la première fois à Paris le jour des funérailles de Mirabeau (4 avril 1791), Gossec ayant imaginé de se servir de cet instrument pour augmenter l'effet d'une marche funèbre. Plus tard, Spontini, dans la *Vestale*, montra quel parti l'on peut tirer du tam-tam dans les scènes d'un caractère sombre et terrible. Ces exemples n'ont point été perdus.

464. — Castagnettes en ivoire.

Elles datent du seizième siècle et diffèrent essentiellement de la forme qu'on leur donne aujourd'hui, puisqu'il y en a deux paires pour chaque main, qu'on les tient par un manche et qu'il suffit de les agiter pour les faire résonner. (*Collection Clapisson.*)

465. — Castagnettes en buis.

Elles sont rondes et d'une construction originale.

Les castagnettes, qu'on a nommées ainsi parce qu'elles ont la forme d'une châtaigne (*castanea*, châtaigne), sont un instrument fort aimé des Espagnols et très-souvent employé dans la musique de danse.

J. Heugel a publié une méthode de castagnettes, d'après le système de Sala.

466. — Castagnettes en bois de palissandre.

Elles ont la forme que, le plus souvent, on leur donne en France. (*Collection de M. le Dr Fau.*)

467. — Claquebois.

Il est en buis et d'origine italienne. Les paysans napolitains appellent cet instrument *tricca-ballacca*.

Les peintres de genre ont maintes fois reproduit cet instrument dans leurs tableaux, et Léopold Robert l'a fait figurer dans sa belle composition des *Moissonneurs*.

468. — Claquebois.

Cet instrument est italien, comme le précédent, mais en bois de fer.

469. — Sonnette du seizième siècle.

Elle est ornée de salamandres et de figures d'animaux. Les initiales de l'écusson sont effacées. Elle sonne le *la* ♮.

470. — Sonnette du seizième siècle.

Elle est ornée de figures d'un beau dessin.

471. — Sonnette du seizième siècle.

Elle est ornée de figurines d'une grande finesse. Elle sonne l'*ut* ♮.

472. — Sonnette-flambeau.

473. — Sonnette.

L'animal qui la surmonte indique qu'elle est d'origine indienne. Elle sonne le *sol*.

474. — Clochette italienne.

Elle sonne le *ré* ♮. (*Don de Dauverné.*)

475. — Clochette flamande.

Quand on l'agite, elle met en branle quatre battants : ceux-ci viennent frapper contre les parois dentelées des quatre toutes petites cloches abritées sous la grande, que seule on aperçoit. (*Collection Clapisson.*)

476. — Clochette flamande.

Elle ressemble de tous points à la précédente ; seulement elle est en cuivre, au lieu d'être en bronze argenté. (*Collection Clapisson.*)

477. — Petite sonnette.

Elle est en porcelaine de Saxe, décorée de fleurs.

478. — Sonnette.

Elle est aussi en porcelaine de Saxe, et ornée de bouquets de fleurs.

479. — Grosse cloche suisse.

Sur le collier auquel elle est suspendue, on lit la date de 1781, d'un côté, et, de l'autre, les initiales P. G. Cette cloche sonne le *sol*. (*Collection Clapisson.*)

Les cloches, se pouvant accorder dans un ton quelconque, se prêtent à un rôle musical. Avec elles on a fait des carillons, dont quelques-uns sont devenus célèbres. L'introduction des cloches au théâtre est de date assez récente : Cherubini, à la fin du 1er acte d'*Élisa* (1794), a employé une cloche qui sonne avec les cors et forme pédale ; Rossini, dans le 2ᵉ acte de *Guillaume Tell*, a tiré parti du timbre des cloches aiguës (cloche en *sol*), et Meyerbeer, de celui des cloches graves (cloches en *fa* et en *ut*), dans la scène finale et si pathétique du 4ᵉ acte des *Huguenots*.

480. — Petits grelots antiques.

Ces cinq grelots sont d'origine gallo-romaine.

481. — Grelots ciselés.

Ces trois grelots sont anciens, mais d'époques différentes.

482. — Trois grelots en bronze.

Ils sont assez gros et décorés d'ornements ciselés. (*Collection Clapisson.*)

On emploie quelquefois les grelots dans la musique de danse et dans des morceaux pittoresques. Cherubini les a introduits dans le 1ᵉʳ acte d'*Élisa* (sc. III, marche des muletiers), et ce grand maître a trouvé de nombreux imitateurs.

483. — Petit jeu de timbres.

Il se compose de cinq timbres et de deux clochettes ; la monture en est pittoresque et rappelle un peu la forme du sistre antique. (*Collection Besse-Dumas.*)

Le timbre est immobile, sans battant, et se frappe en dehors avec un marteau.

484. — Jeu de timbres à clavier.

Il est renfermé dans une caisse élégante en marqueterie, style Boule. Les touches du clavier sont en écaille et en nacre finement gravée. Ce jeu de timbres comprend 2 octaves pleines et une note.

Cette belle pièce n'est point signée. Faut-il l'attribuer à Nicolaï, qui, en 1765, construisit un premier harmonica à clavier d'une précision remarquable ? En tout cas, cet instrument semble dater du temps de Louis XVI, et il est antérieur, par conséquent, aux harmonicas de Klein et de Rœllig. (*Collection Clapisson.*)

Le jeu de timbres s'emploie à l'orchestre, et il est probable que le *glockenspiel*, introduit par Mozart dans la *Flûte magique* (1791), était un instrument à clavier, comme celui-ci. Adolphe Adam a tiré bon parti de cette espèce de carillon dans l'ouverture de *Si j'étais Roi*.

485. — Harmonica double.

Il est à double rangée de lames de verre, offrant chacune une étendue de trois octaves.

SECTION IV.

Acoustique. — Instruments de musique singuliers. — Pièces mécaniques. — Curiosités et objets d'art.

La musique, art et science à la fois, conduit à l'étude des phénomènes du son. On peut, il est vrai, devenir un excellent musicien sans consulter les ouvrages de Mersenne, d'Euler, de Sauveur, de Chladni, et sans connaître la *Théorie de la perception des sons*, du savant Helmholtz. De pareils traités, d'ailleurs, ne s'adressent point au commun des lecteurs ; mais tous ceux qui aiment à s'instruire n'hésiteront pas à lire l'*Acoustique* de M. Radau : ce petit livre, orné de gravures, enseigne avec clarté les lois de la résonnance, et l'on y apprend à l'aide de quelles méthodes ingénieuses M. Kœnig obtient un tracé visible des vibrations du son et M. Lissajous est parvenu à comparer entre elles les vibrations sonores.

Nous avons groupé dans cette section IV tout ce qui se rapporte à l'acoustique : sonomètres, diapasons, instruments de musique singuliers, tels que les harpes éoliennes, les violons de fer et les harmonicas à globes de verre dont les bords se frottent avec les doigts mouillés. Le pyrophone, de date toute récente, appartient à cette catégorie d'instruments nés, pour ainsi dire, dans le cabinet des physiciens.

486. — Sonomètre de Montu.

Cet instrument est garni de 8 cordes métalliques, fixées par un bout à 8 tourillons et, à l'autre extrémité, par des chevilles qui servent à les accorder. Au-dessous des cordes, 9 petites règles, incrustées dans toute la longueur de la table, permettent de changer la place des chevalets.

Sur les deux côtés de la table sonore, on remarque deux lames de cuivre, sur lesquelles sont gravées les subdivisions des deux systèmes de numération décimale et de numération harmonique.

Aux extrémités de la caisse, on lit ces deux inscriptions latines :

Naturæ vitæque principium est motus.
(Le mouvement vibratoire est le principe de la nature et de la vie.)

A naturæ motu musica originem habuit.
(La musique a pour origine la vibration de la nature.)

Benoît Montu (Turin, 1761 — Paris, 1814) s'est fait connaître par l'invention d'un instrument compliqué qu'il nomma *Sphère harmonique* (V. *Archives des découvertes,* Paris, 1809, n° 14), et par un savant mémoire intitulé : *Numération harmonique, ou Échelle d'arithmétique pour servir à l'explication des lois de l'harmonie*. Paris, 1802, in-4°.

487. — Diapason de Delusse.

Il est en bois de grenadille, avec garniture en ivoire. Monté comme un flageolet, il est muni d'une pompe qui se tire à volonté, de façon à pouvoir donner telle ou telle note de la gamme, de *la* en *la*. Diapason de 1780, ou environ.

Selon Hawkins, le diapason fut inventé par l'Anglais John Shore, en 1711 ; mais il est certain qu'avant cette époque on employait déjà un instrument du même genre en Italie : on le nommait *corista* (choriste).

488. — Diapason en buis, de Delusse.

Il est de la même époque que le précédent.

489. — Diapason en buis, de Delusse.

Ce flageolet-diapason, au moyen d'un tube mobile et mathématiquement divisé, permet d'indiquer les sept degrés de la gamme.

490. — Diapason de 1789.

Ce diapason est celui de l'abbé Nic. Roze (1745-1819), qui fut bibliothécaire du Conservatoire pendant les douze dernières années de sa vie. Il donne le *la* de la chapelle du Palais de Versailles, en 1789, et ce diapason se trouve d'un ton au-dessous du *la* d'aujourd'hui.

491. — Diapason en bois de sapin.

Il est à pompe et donne les notes *ut, si, la, sol*. On y a indiqué le diapason adopté à la chapelle de Versailles et le diapason de l'Opéra ; le premier était d'un quart de ton plus élevé que le second. (*Collection Clapisson.*)

492. — Diapason de 1812.

Ce diapason, dont on se servait au Conservatoire en 1812, est d'un cinquième de ton plus bas que le *la* du diapason actuel.

493. — Diapason de 1818.

Ce diapason, dont on se servait à la chapelle des Tuileries en 1818, n'offre presque pas de différence avec celui d'à présent.

494. — Diapason de 1820.

Ce diapason, qui donne le *la*, est celui dont on se servait au théâtre Feydeau, en 1820. (*Don de Dauprat.*)

495. — Diapason de 1820.

Ce diapason en argent, fabriqué par John Greaves et fils, donne le *do*. (*Don de Dauprat.*)

496. — Diapason.

Il est en ivoire. Il donne le *fa* ♯ du diapason actuel. (*Don de Dauprat.*)

497 — Diapason .de 1824.

498. — Diapason en fer.

Il est surmonté d'une croix.

499. — Grand diapason normal.

Ce diapason normal, institué en France par un arrêté ministériel du 16 février 1859, donne le *la* de 870 vibrations simples, à la température de 15°.

Au moyen des expériences ingénieuses qu'a popularisées M. Lissajous, on peut aujourd'hui vérifier avec une précision mathématique l'accord des diapasons. (V. Lissajous, *Étude optique des mouvements vibratoires.* Paris, 1856.)

Dans l'enquête provoquée par le gouvernement français en 1858, on a constaté que le diapason de l'Opéra de Paris, qui donnait 808 vibrations par seconde en 1699, 846 en 1810, 871 en 1830, était arrivé à en donner 895 en 1858. Celui de la musique des guides, à Bruxelles, s'élevait même à 911 vibrations. On vit par là que l'élévation progressive du diapason depuis plus d'un siècle n'était due ni aux chanteurs, qui sont naturellement portés à se ménager, ni aux compositeurs qui ont intérêt à ne point forcer la voix de leurs interprètes, mais aux facteurs d'instruments à vent qui sont enclins à élever le ton de leurs instruments afin d'en rendre le son plus brillant.

500. — Boîte de diapasons anglais.

Cette boîte renferme 3 diapasons en acier, qui portent la marque de fabrique : *John Broadwood and Sons*, London, 1862. Ils donnent le *do*. (*Don de MM. Broadwood.*)

501. — Instrument à vibrations produites par le chant.

En soufflant dans cet instrument en buis, on imite le cor de chasse. (*Collection de M. le Dr Fau.*)

502. — Guimbardes sur leur bois.

La rebube, vulgairement appelée guimbarde, est d'origine montagnarde. C'est plutôt un jouet d'enfant qu'un instrument de musique ; mais la guimbarde unitonique offre cependant de l'intérêt au point de vue des origines de l'anche libre, la tige de la guimbarde, que le doigt met en vibration, faisant fonction d'anche. (*Collection de M. le Dr Fau.*)

503. — Violon de fer.

Il est demi-circulaire et comprend une échelle de 3 octaves. (*Collection Clapisson.*)

Les branches en fer ou en acier de cette sorte de violons-harmonicas résonnent mieux sous l'archet, quand la mèche est en crin noir et non en crin blanc.

504. — Violon de fer.

Il forme tympanon. (*Collection Clapisson.*)

Cet instrument, que les Allemands appellent *nagel-harmonika*, et les Anglais *nail-violin*, passe pour avoir été inventé vers le milieu du dix-huitième siècle par Johann Wilde, qui vivait alors à Saint-Pétersbourg.

505. — Violon de fer.

La forme en est circulaire, comme celle du n° 504, et sur la table d'harmonie on a tendu les cordes d'un tympanon. (*Collection Clapisson.*)

506. — Harmonica de Franklin.

Il se compose d'un cylindre sur lequel sont assujettis des globes de verre, de dimensions proportionnées aux sons qu'ils doivent rendre. Le cylindre, renfermé dans une caisse, est placé horizontalement sur deux pieds : il tourne au moyen d'une roue que l'exécutant met en mouvement au moyen d'une pédale.

Cette sorte d'harmonica fut imaginée par Franklin en 1760, et fournit à H. Klein (1756-1832) l'idée de son harmonica à clavier, qu'il a décrit, en 1798, dans la *Gazette de Bade,* et en juin 1799, dans la *Gazette générale de musique de Leipzig* (1re année, p. 675-679).

507. — Harmonica métallique.

Cet instrument, qui offre une si frappante analogie avec le *zanze* des nègres d'Afrique, se compose de 50 lames d'acier qu'on met en vibration par la pression des doigts. Clagget, de Londres, passe pour l'avoir inventé vers 1780.

508. — Crécelle.

Cette crécelle en ivoire et en ébène est ornée d'une couronne royale ; les fleurs de lis et les dauphins en bronze doré qui la décorent, semblent indiquer qu'elle a servi de jouet à un Dauphin. (*Collection Clapisson.*)

509. — Boîte à musique.

Elle repose sur un trépied élégant, en fer forgé et doré. (*Collection Clapisson.*)

510. — Serinette française.

La boîte en est ornée de peintures sur fond bleu. Cette serinette date du règne de Louis XVI et joue six airs français en vogue au siècle dernier. (*Don de Mme Achille Jubinal.*)

Le nom de *serinette* s'applique à un très-petit *orgue* à cylindre, à l'aide duquel on apprend à chanter aux serins. On appelle *merline* l'orgue à cylindre, un peu plus fort que la serinette, avec lequel on instruit les merles.

511. — Petite serinette française.

Elle est renfermée dans une boîte qui a la forme d'un livre et fournit un répertoire de six airs populaires. (*Collection Clapisson.*)

512. — Main harmonique.

Elle est en marbre et d'origine italienne. (*Don de M. Bellon.*)

On attribue généralement à Gui d'Arezzo (Guido Aretinus, onzième siècle) l'invention de la main musicale, bien que les écrits du moine de Pomposc ne renferment aucune affirmation à ce sujet.

Ce qui est certain, c'est qu'après la substitution du système hexacordal au système tétracordal des Grecs, on imagina d'enseigner la solmisation par l'hexacorde et par les muances, à l'aide de la main harmonique. Cette théorie et cette méthode, d'une complication extrême, n'ont été abandonnées qu'à la fin du siècle dernier.

On trouve l'image et l'explication de la main harmonique dans un grand nombre d'ouvrages, et le bibliothécaire Jean Gosselin, mort en 1604, a publié en 1571 un in-folio intitulé : *la Main harmonique, ou les principes de musique ancienne et moderne.* Son contemporain Louis Bourgeois est le premier qui ait démontré le grave inconvénient de mêler les trois genres par bémol, par bécarre et par nature, et qui ait proposé d'abandonner la méthode de la main musicale ; mais, tout en signalant l'abus des muances, il n'aperçut pas la possibilité de faire disparaître ces difficultés en ajoutant une 7e syllabe aux 6 syllabes depuis longtemps adoptées. (V. L. Bourgeois, *le Droict Chemin de musique,* Genève ou Lyon, 1550. In-8°.)

513. — Tableau musical.

Ce tableau fort curieux, à colonnes mobiles, est en ivoire gravé et date du milieu du siècle dernier. (*Collection Clapisson.*)

514. — Métronome de Maelzel.

Modèle primitif du métronome que Léonard Maelzel (Ratisbonne, 1776 — Vienne, 1855) inventa en 1815. Il en avait emprunté l'idée première au Hollandais Winkel. Ce type rudimentaire permet de voir que le mécanisme aussi simple qu'ingénieux de cet instrument est fondé sur la propriété du pendule : chaque oscillation du balancier sert à mesurer et à marquer la durée des sons.

515. — Métronome de Maelzel.

Modèle définitif de cet instrument : Le balancier est enfermé dans une petite boîte en forme de pyramide. On en accélère ou l'on en ralentit les oscillations en déplaçant un poids mobile.

516. — Bâton de mesure d'Habeneck.

C'est avec ce bâton de mesure que le célèbre chef d'orchestre de l'Opéra et de la Société des concerts du Conservatoire conduisait, aux Tuileries, les concerts de la cour. (*Don de M. Leborgne.*)

517. — Pupitre en faïence de Delft.

Le dessin qui le décore en augmente encore la valeur : il représente un concert d'amateurs. Cette belle pièce de faïence est un objet de haute curiosité des plus rares.

518. — Canne-pupitre de musique.

Le pupitre est en fer damasquiné or, avec fleurs de lis. Ce travail, d'une remarquable légèreté d'exécution, porte la signature de Boulanger, qui était établi à Saint-Étienne sous le règne de Louis XVI. (*Collection Clapisson.*)

519. — Collection de rosettes.

Ces 12 rosaces et rosettes ont décoré des clavecins, des basses de violes, des guitares et autres instruments à cordes ; elles datent du dix-septième et du dix-huitième siècle.

520. — Collection de clés.

La plupart de ces clés de clavecin et de harpe sont d'une forme élégante et d'une exécution soignée.

521. — Conscience de luthier.

A cause de sa forme, on appelle aussi cet objet de curiosité un *violon*.

SECONDE PARTIE.

SECTION I.

Instruments à cordes des pays non européens.

I.

INSTRUMENTS A CORDES ET A ARCHET.

Selon F.-J. Fétis, les instruments à cordes des peuples de l'Oc-
cident leur viennent de l'Orient, et l'archet est originaire de l'Inde.
D'autres musicographes érudits, convaincus que ni les Égyptiens
ni les Grecs de l'antiquité n'ont connu les instruments à archet,
déclarent, au contraire, qu'il faut les considérer comme une invention européenne. Mais de quelque manière que se soit formée la
famille des instruments à cordes, à manche et à archet, qu'elle ait
pris naissance en Asie ou en Europe, il nous paraît certain que
l'origine en est postérieure au temps où se forma la famille des
instruments à cordes pincées. S'il suffit de comparer le ravanastron, l'omerti et le saroh de l'Inde, les rebabs ou les kemangehs
d'Afrique et d'Asie, avec les violes et les violons des luthiers italiens, allemands ou français, pour reconnaître que les instruments
composant notre quatuor moderne appartiennent à des systèmes
de facture instrumentale fort différents de ceux des Orientaux,
on peut cependant établir des rapprochements instructifs entre les
rebabs sans éclisses et les rebecs du moyen âge, et se demander
si le rebab à éclisses n'a pas fait imaginer à Savart son violon
trapézoïde.

Au point de vue musical, nous nous bornons à faire remarquer
que les instruments à archet des Arabes et des Asiatiques offrent

peu de ressources et servent surtout à soutenir la voix, tandis que ceux des Européens jouent le premier rôle dans la symphonie et sont éminemment propres à la virtuosité.

522. — Ravanastron.

Le corps cylindrique de cet instrument, monté de 2 cordes, a une longueur de 11 centimètres et un diamètre de 5 centimètres. Il est ouvert d'un côté, et, de l'autre, couvert d'un morceau de peau de serpent boa qui forme table d'harmonie. La baguette de l'archet est en bambou. (*Don de Mme Pauline Viardot.*)

Sonnerat, dans son *Voyage aux Indes orientales et à la Chine,* nous apprend que le ravanastron doit son nom à Ravana, le célèbre géant hindou à dix têtes qui enleva l'île de Ceylan à son frère Couvéra. De l'Inde cet instrument est passé en Chine, où il s'appelle *r'jenn*, selon Huttner. (V. Staunton, *Voyage dans l'intérieur de la Chine*, etc., traduit par Castera, t. V, p. 230.)

523. — Ravanastron.

Le corps de l'instrument, qui ressemble à un petit maillet, est en bois de sycomore. (*Collection de M. le Dr Fau.*)

524. — Saroh.

Cet instrument, monté de 3 cordes, est taillé dans un bloc de bois ; le manche en est orné d'un oiseau assez bien sculpté. Une peau de gazelle préparée et collée sur les bords de la caisse sonore forme table d'harmonie. (*Collection de M. le Dr Fau.*)

On confond souvent le *saroh* avec la *sarungie*. Le premier de ces instruments, d'une coupe si originale et si pittoresque, n'a jamais que 3 ou au plus 4 cordes de boyau, selon Willard, ou de soie, selon Ouseley ; tandis que la sarungie, outre ses 3 ou 4 cordes de boyau, est montée de 5, de 11 et même de 13 cordes métalliques. Le musée de Kensington et le musée indien à Londres nous ont permis de constater que le nombre des cordes vibrantes de la sarungie est assez variable, tout comme l'était celui de nos anciennes violes d'amour et des barytons. F.-J. Fétis n'hésite pas à déclarer que l'idée des instruments à archet et à double espèce de cordes appartient à l'Hindoustan. (V. *Histoire générale de la musique*, t. II; p. 298.)

525. — Saroh.

Il est aussi monté de 3 cordes. Le bois n'en est pas verni. (*Collection Besse-Dumas,*)

A en juger par les mesures qu'a indiquées Fétis, les deux instruments du musée du Conservatoire sont d'une dimension un peu moins grande que celle des sarohs fabriqués à Patna. (V. *Hist. gén. de la mus.*, t. II, p. 296.)

526. — Kemangeh a'gouz.

Il y a plusieurs variétés de kemangeh : le nom de *kemangeh a'gouz* se donne à la plus ancienne. Les Orientaux jouent de cet instrument monté de 2 cordes, en crins noirs de cheval, assis et en le plaçant devant eux, comme nous tiendrions un violoncelle. (*Collection donnée par M. V. Schœlcher.*)

527. — Rebab algérien.

Il est à 3 cordes et n'a point de pied comme le *kemangeh a'gouz*. Il diffère encore de ce dernier instrument en ce que le corps forme un trapèze dont le sommet est parallèle à la base et dont les côtés sont égaux. (*Collection donnée par M. V. Schœlcher.*)

528. — Rebab-el-moganny.

Ce violon algérien est monté de 2 cordes, et enrichi d'ornements en cuivre découpé. Il se joue avec un archet qui a la forme d'un arc. (*Collection Clapisson.*)

Cet instrument de musique primitive et populaire sert à guider ou à soutenir la voix. Les Arabes appellent rebab-el-moganny, ou rebab de chanteur, celui qui est monté de 2 cordes, et ils nomment rebab-ech-chaér, ou rebab de poëte, leur violon à une corde, qui sert à empêcher la voix des narrateurs ou improvisateurs de monter et de sortir du ton.

529. — Rebab-el-moganny.

Il est orné de la même manière que le n° 528. (*Collection Clapisson.*)

Ce violon des Arabes diffère complétement par sa forme et par ses dimensions de celui des Asiatiques et des Égyptiens. Il n'a guère que le tiers de la longueur du rebab dont on fait usage en Asie, et il se pose sur le genou. Cet instrument, d'une origine fort ancienne, rentre, on le voit, dans la famille des *kemangeh* si bien décrite par Villoteau et par F.-J. Fétis. (V. *Description de l'Égypte*, t. XIII, édition in-8°, et *Histoire générale de la musique*, t. II, chap. x.)

530. — Rebab javanais.

Ce bel instrument ancien, dont la garniture en ivoire indique l'origine, rappelle par sa forme le *kemangeh* des Persans et des Arabes. L'archet en est très-court et d'une forme remarquable. Spécimen curieux. (*Collection de M. le Dr Fau.*)

Même à Java, il est difficile de se procurer des rebabs faits avec soin : ces instruments sont devenus d'une grande rareté et coûtent fort cher.

II.

INSTRUMENTS A CORDES ET A ROUE, AVEC CLAVIER.

Les peuples de l'antiquité ne semblent pas avoir inventé des instruments à cordes avec roue faisant fonction d'archet, et jusqu'à ce jour on n'a point découvert, hors de l'Europe, un instrument de musique du genre des vielles.

III.

INSTRUMENTS A CORDES PINCÉES OU FRAPPÉES.

Les instruments à cordes pincées sont en usage dans les cinq parties du globe, et le plus répandu de tous est, sans contredit, la harpe. On la voit à l'état rudimentaire en Afrique, au Mexique et dans l'Océanie ; en Égypte, et dès la plus haute antiquité, elle eut à peu près la forme que nous lui donnons aujourd'hui , nous l'avons déjà dit ; mais il est à remarquer que cet instrument, après avoir joui d'une grande faveur chez les anciens Assyriens, les Perses et les Hindous, ne se rencontre plus maintenant dans toute l'Asie occidentale, sauf la Turquie, et semble n'avoir jamais pénétré en Chine ni au Japon. On la retrouve cependant dans la presqu'île de l'Indo-Chine et sous un aspect des plus pittoresques. (V. le n° 531.) Il est aisé, par cet exemple, de se rendre compte de l'intérêt que présenterait, au point de vue ethnographique, une histoire de la facture instrumentale ; seulement, que de problèmes difficiles à résoudre ! que de questions à peu près insolubles à se poser ! Sachons gré à F.-J. Fétis d'avoir résumé, dans son *Histoire générale de la Musique,* presque toutes les notions acquises jusqu'à ce jour sur un sujet encore nouveau et parfois si énigmatique, et contentons-nous de présenter ici de courtes remarques générales.

La lyre, que les Égyptiens, les Hébreux et les Assyriens ont connue, est arrivée jusqu'à nous par les Grecs. Nous inclinons à penser que cet instrument eut toujours deux formes bien distinctes : l'une toute rustique et populaire ; l'autre, plus régulière, plus savante et classique, pour ainsi dire. Il est certain que la lyre des paysans de la Grèce moderne ne ressemble guère à celle dont nous voyons l'image sur les médailles antiques ou sur les vases de Pompéia, et l'on peut se demander si le *kissar* des Berbers et quelques instruments à cordes pincées montés sur des roseaux, nstruments de forme irrégulière et qu'on trouve à Java et dans la Polynésie, ne sont point une sorte de lyre champêtre?

Les instruments à cordes pincées, ayant un manche, sont communs aux pays primitifs comme aux nations les plus civilisées. L'*éoud* des Arabes et des Asiatiques nous offre le type du luth des Européens ; quinze cents ans avant l'ère chrétienne, les Égyptiens jouaient d'un instrument semblable au *tambourah* des modernes Orientaux, instrument dont la forme présente beaucoup d'analogie avec celle du colachon. Comme le plus souvent on s'est servi d'une courge ou d'une calebasse pour faire la caisse sonore de ces divers genres d'instruments à cordes pincées et qu'on s'est contenté de tendre une peau par dessus, il en résulte qu'ils n'ont point d'éclisses : c'est par là que les guitares des peuples sauvages et des Asiatiques diffèrent de notre guitare européenne. Les Chinois et les Japonais possèdent néanmoins une sorte de mandoline à trois cordes aux hautes éclisses ; mais elle ne nous paraît pas une invention originale et pourrait bien être de date peu ancienne.

Les instruments à cordes frappées remontent, au contraire, à des temps fort reculés. Les Assyriens et les Hébreux ont connu, sous des noms divers, ce que nous avons appelé des tympanons.

En résumé, l'Asie possède une grande variété d'instruments à cordes pincées soit avec les doigts, soit avec des griffes en argent, ou frappées avec un plectre. L'Inde et l'île de Madagascar présentent surtout des types fort curieux et qui ne ressemblent en aucune façon aux instruments imaginés en Chine et au Japon.

531. — Harpe birmane.

Elle a 13 cordes, et le corps de l'instrument ressemble à une barque pontée.

Fétis appelle cet instrument *soum* et dit qu'il est monté de cordes métalliques ; mais les écrivains anglais le nomment *soung* et prétendent qu'on y attache des cordes de soie. Les harpes du royaume d'Ava que nous avons

8

vues à Londres sont, en effet, montées de cordes de soie, comme la plupart des instruments chinois. La longueur du *soung* varie de 2 à 4 pieds anglais. Cet instrument, dont le son est fort agréable, s'accorde diatoniquement, en suivant l'ordre des notes de la gamme : la corde la plus basse est le *la* d'entre les lignes de la clef de *fa*, et la corde la plus élevée, le *fa* d'entre les lignes de la clef de *sol*.

532. — Soung.

Beau modèle et instrument ancien. (*Collection de M. le Dr Fau.*)

533. — Boulou (harpe africaine).

Cette harpe des nègres de la Sénégambie est montée de 10 cordes de boyau, retenues par de longues chevilles. Celle-ci, ornée d'une tête en bois sculpté, offre un type très-pur de cette espèce de harpes. (*Collection donnée par M. V. Schœlcher.*)

On a remarqué avec raison que les régions centrales de l'Afrique ne semblent connaître, en fait de musique instrumentale, que les instruments à percussion et les instruments à cordes pincées. Les harpes de 5, 7, 8, 10 et même 18 cordes y sont en grande faveur. (V. à ce sujet Mungo-Park, *Voyages dans les contrées intérieures de l'Afrique,* traduit par Castera, en 1805, et *Dernier Voyage,* Paris, 1820; ainsi que le livre du missionnaire S.-W. Koelle intitulé : *Outlines of a Grammar of the Vei language.*)

534. — Nauga (harpe du Congo).

Elle est à 5 cordes et le corps de l'instrument a la forme d'un bateau ponté. Cette harpe est fort répandue dans les royaumes que traverse le Zaïre ou Congo : celle-ci vient d'un pays situé au haut du fleuve. (*Collection donnée par M. Schœlcher.*)

535. — Nanga (harpe du Gabon).

Cette harpe à 5 cordes, semblable à la précédente, est en grande faveur chez les nègres de la Guinée septentrionale ou supérieure, pays qu'on appelle aussi Ouankara. Celle-ci a été achetée en 1847 à Gabon même, comptoir fortifié en 1841. (*Collection donnée par M. Schœlcher.*)

536. — Tambourah.

Il est en bois de courbaril et monté de 3 cordes. Deux morceaux de peau de serpent boa, collés sur les éclisses, remplissent les fonctions de dos et de table d'harmonie.

Fétis reconnaissait dans cet instrument la première idée arienne des organes sonores à cordes pincées et le prototype de l'instrument du même genre qu'on voit reproduit si souvent dans les antiquités égyptiennes. Il l'accorde ainsi : *la* au-dessous des lignes, *mi, la* de la clef de *sol*.

Cette sorte de tambourah ne se trouve plus aujourd'hui qu'entre les mains des plus infimes musiciens ambulants de l'Inde. De ce pays il a passé en Chine, où il a reçu le nom de *samm-jinn* ou *sann-hinn*. (*Don de Mme Pauline Viardot.*)

537. — Sann-hinn.

Cet instrument favori des Chinois est monté de 3 cordes de soie qui s'accordent par quartes (*ut* au-dessous des lignes, *fa, si* ♭ des lignes de la clef de *sol*). (*Collection de M. le Dr Fau.*)

538. — Petit modèle de samm-sinn.

Cet élégant modèle réduit de samm-sinn est en laque du Japon d'une grande finesse. On voit que cet instrument favori des Japonaises est le même que le *sann-hinn* des Chinois. L'accord en est variable : *ut* au-dessous des lignes, *fa, ut*; ou bien : *ut, sol, ut*; ou encore : *ut, fa, si* ♭. (*Collection de M. le Dr Fau.*)

539. — Petit modèle de samm-sinn.

Le corps en est de forme carrée et l'instrument a un pied, comme s'il devait poser par terre et se jouer avec un archet, à la façon du kemangeh a'gouz des Arabes. (*Collection Clapisson.*)

540. — Tanbour bouzourk.

Cet instrument est marqueté et d'un modèle élégant. (*Collection de M. le Dr Fau.*)

D'après Villoteau, le tanbour bouzourk, qui est d'origine persane, a 6 chevilles, 6 cordes et 25 touches; mais le nombre des cordes et des cases sur le manche, dans ces grandes mandolines, est variable. Les dimensions du tanbour offrent aussi des différences fort sensibles.

541. — Tanbour bouzourk.

Cette grande mandoline est toute simple et a été achetée en Turquie. (*Collection donnée par M. V. Schœlcher.*)

542. — Tanbour boulghary.

Cette mandoline bulgare, que Villoteau a si exactement décrite, est d'origine asiatique. Par la forme du corps sonore, elle ressemble tout à fait au *tanbour chargy*, mais en petit. (V. *Description de l'Égypte*, édition in-8°, tome XIII, page 275.) (*Don de J.-B. Vuillaume.*)

543. — Ganibry.

Il est monté de 3 cordes. Cette sorte de *tanbour* est fort en usage parmi es noirs de l'Algérie. (*Collection donnée par M. V. Schœlcher.*)

544. — Tanbour malgache.

Il est monté de 3 cordes. (*Don de M. Gilson.*)

545. — Chikara de Bénarès.

Les cinq chevilles qui tendent les cordes de cette guitare indienne ont leurs trous percés dans le haut du manche : trois au côté gauche et deux sur la partie plane, dans le plan de la table. (*Collection de M. le Dr Fau.*)

546. — Kuitra d'Algérie.

Cette grande guitare à 4 cordes doubles, d'un usage général parmi les Arabes de l'Algérie, est à coquille de luth et non pas à fond plat. Le haut du manche en est légèrement renversé, comme celui de la mandore. La table d'harmonie en est décorée d'une large rose. (*Don de J.-B. Vuillaume.*)

547. — Banjo américain.

Il est monté de 5 cordes. (*Collection de M. le Dr Fau.*)

548. — Banjo en marqueterie de bois.

Ce riche instrument est de fabrique anglaise. Il est monté de 7 cordes. (*Don de M. Francisco de P. Suarez.*)

Le banjo, guitare rustique des nègres d'Amérique, dérive-t-il de la *bania* que des noirs de la Sénégambie auraient importée aux Antilles et aux États-Unis? Quoi qu'il en soit, cet instrument s'est perfectionné beaucoup, depuis que les *Christy's Minstrels* l'ont mis à la mode. On a même publié des méthodes de Banjo, et Gottschalk a intitulé *le Banjo* un de ses morceaux de piano les plus brillants et les plus caractéristiques.

549. — Banza d'Haïti.

Cette sorte de guitare, montée de 4 cordes et d'une forme très-pittoresque, est d'un usage général parmi les nègres de Saint-Domingue. (*Collection donnée par M. V. Schœlcher.*)

550. — Petite Guitare mexicaine.

Collection donnée par M. V. Schœlcher.

551. — Guitare des Mandingues.

Elle est à cinq cordes. M. Schœlcher en a fait l'acquisition en octobre 1847, au comptoir d'Albreda, situé sur le fleuve de Gambie. On sait que la

France a cédé cette possession aux Anglais en 1856, en échange d'un droit de commerce à l'embouchure du fleuve Saint-John. (*Collection donnée par* **M. V.** *Schœlcher.*)

552. — Guitare des Mandingues.

Autre exemplaire de ce genre d'instruments, fort en usage au Sénégal et le long des bords de la Gambie. (*Collection donnée par* **M. V.** *Schœlcher.*)

553. — Guitare africaine.

Cette autre guitare nègre vient du Koasta, et elle est en usage dans tout le haut Sénégal. (*Collection donnée par* **M. V.** *Schœlcher.*)

554. — Kasso.

Cette sorte de guitare, qui vient de la Gambie, est montée de cordes végétales. Le fond de l'instrument est fait d'une calebasse et une peau bien tendue sert de table d'harmonie. (*Collection donnée par* **M. V.** *Schœlcher.*)

555. — Kasso du Sénégal.

Autre exemplaire de cet instrument nègre, plus remarquable par sa forme pittoresque que par une éclatante sonorité. (*Collection donnée par* **M. V.** *Schœlcher.*)

556. — Guitare nègre.

Comme le tambourah indien, cet instrument africain est monté de trois cordes. (*Collection donnée par* **M. V.** *Schœlcher.*)

557. — Marouvané.

Cet instrument singulier, que les Malgaches appellent aussi *valiha*, ne peut être classé parmi les harpes ou parmi les guitares, puisqu'il n'a ni cadre ni manche ; les cordes en sont faites avec les fibres mêmes du bambou. On les accorde au moyen de sillets mobiles. Elles sont au nombre de sept, quand le marouvané n'en a que d'un côté ; il y en a jusqu'à treize, lorsqu'elles sont prises dans toute la circonférence de l'instrument. Le marouvané a des sons agréables ; il se place debout sur les genoux de l'exécutant, qui le fait tourner sous ses doigts. (*Don de* **M.** *Gilson.*)

558. — Sousounou malais.

Cet instrument, dont le corps est formé d'un bambou, ressemble au marouvané en ce qu'il s'accorde au moyen de sillets mobiles ; mais les cordes ne sont pas prises à même les fibres du bois, et le nombre en varie. (*Don de* **M**me *Pauline Viardot.*)

Il semble que les instruments à peu près semblables au marouvané soient d'invention malgache, et que de Madagascar ils aient passé dans la Malaisie.

559. — You-kinn ou yout-komm.

Cet instrument chinois, de forme circulaire, se compose de deux tables d'érable posées sur des tasseaux et réunies par une éclisse en courbaril. Il est monté de 3 cordes de soie, s'accordant par paires à la quinte : *fa, ut,* des lignes de la clef de *sol.* On ne manquera pas de remarquer qu'il n'a pas d'ouïes. Les cordes se pincent avec l'ongle ou avec un plectre de bois ou de métal. (V. G. Tradescant Lay, *The Chinese as they are.* Londres, 1841.) (*Collection de M. le D*r *Fau.*)

560. — You-kinn ou yout-komm.

Autre spécimen de cet instrument chinois, que certains écrivains anglais appellent à tort *moon guitar,* puisqu'il ne se joue pas comme la guitare, mais avec un plectre. (*Don de M*me *Pauline Viardot.*)

561. — Pipa.

Cet instrument favori des Chinoises est monté de 4 cordes de soie qui s'accordent ainsi : *ut* au-dessous des lignes, *fa, sol, ut* des lignes de la clef de *sol.* Le corps de l'instrument est formé d'une seule pièce de bois, dans laquelle s'ajuste la table d'harmonie, qui n'a point d'ouïes. (*Collection de M. le D*r *Fau.*)

La pipa des Chinois, à laquelle bien des auteurs français ont donné des noms erronés, est une sorte de luth qui ressemble tout à fait à la *biva* des Japonais: cependant les bivas que nous avons vues à Londres ont des ouïes. L'un et l'autre instrument se jouent avec un plectre.

562. — Taki-koto.

Cet instrument, qui ressemble beaucoup au *ché* des Chinois, est monté de 13 cordes de soie qu'on accorde au moyen de petits chevalets mobiles, et dans l'ordre chromatique suivant, selon le voyageur hollandais Meijlan : du *sol* des lignes au *sol* au-dessus des lignes de la clef de *sol.* On en joue en se passant aux doigts de petits dés qui se terminent par une sorte d'ongle d'ivoire. Le taki-goto est l'instrument des aristocratiques Japonaises. (*Collection de M. le D*r *Fau.*)

563. — Taki-koto.

Petit modèle de cet instrument japonais; il y manque plusieurs chevalets. (*Collection de M. le D*r *Fau.*)

IV.

INSTRUMENTS A CORDES MÉTALLIQUES ET A CLAVIER.

Les anciens n'ont pas connu cette famille d'instruments, qui semble d'origine européenne et dénote un art fort avancé.

SECTION II.

Instruments à vent des pays non européens.

I.

INSTRUMENTS SANS ANCHE, AVEC OU SANS BEC.

Nous avons déjà dit que, dès la plus haute antiquité, on a connu quatre espèces de flûtes : la flûte droite, la flûte traversière, la flûte de Pan et la flûte double. Cette famille d'instruments se retrouve, plus ou moins complète, dans chaque partie du globe.

564. — Pito.

Ce flageolet de l'Amérique centrale est en terre cuite, percé de 4 trous seulement et long de 20 centimètres.

Les Péruviens et les Mexicains semblent n'avoir fait primitivement usage que d'instruments à vent et d'instruments à percussion ; aujourd'hui encore, il est bien rare de rencontrer sur l'immense étendue des pays que ces peuples habitaient un instrument à cordes, si grossier qu'il soit. Dans la partie de l'Afrique où les Européens n'ont encore introduit ni leurs arts ni leur industrie, ce sont, au contraire, les instruments à cordes qui prédominent.

565. — Pito.

Il est en tout semblable au précédent, mais long de 20 centimètres et demi.

566. — Huayllaca.

Cet instrument en os, fait d'une seule pièce et long de 30 centimètres, est percé de 4 larges trous, assez espacés l'un de l'autre sur le devant, et d'un cinquième trou rapproché du bec, placé du côté opposé et beaucoup plus petit. (*Collection Clapisson.*)

Nous ne sommes pas certain du nom qu'il conviendrait de donner à cet instrument; mais il appartient évidemment à la famille des flageolets et des flûtes à bec.

567. — Flageolet égyptien.

Il est percé de 6 trous par devant et d'un septième par derrière. (*Collection donnée par* **M. V. Schœlcher.**)

568. — Souffarah.

Cette flûte droite est en roseau et percée de 5 trous. Elle se joue par un sifflet, comme l'ancienne flûte à bec. Cet instrument est fort répandu en Algérie et celui-ci a été acheté à Constantine. (*Don de* **M. Félix Le Couppey.**)

Villoteau parle de l'étendue et de la variété des sons de la souffarah ; il s'étonne qu'un instrument si simple ait une échelle chromatique de deux octaves et puisse rendre d'une façon très-distincte des nuances de sons fort rapprochés (des quarts de ton).

569. — Souffarah.

Cette flûte arabe, achetée en Algérie, est percée de 6 trous. (*Collection donnée par* **M. V. Schœlcher.**)

570. — Guesba ou Gosba.

Cette flûte est percée de **5** trous. (*Collection donnée par* **M. V. Schœlcher.**)

571. — Djaouak.

Cette petite flûte arabe est en roseau et percée de 7 trous. Les sons de cet instrument rappellent ceux du flageolet. (*Don de* **M. Dorus.**)

572. — Flûte malgache.

Elle est faite avec un roseau et percée de 3 trous seulement. On la tient comme un hautbois, et les flûtistes habiles de Madagascar en tirent des sons fort agréables. (*Don de* **M. Gilson.**)

573. — Petite flûte turque.

Cette petite flûte, qui se joue comme un hautbois, est en roseau et percée de 6 trous. Les bergers de la Turquie d'Asie en tirent un habile parti. (*Collection donnée par* **M. V. Schœlcher.**)

574. — Flûte turque.

Cette grande flûte, qui se joue aussi à la façon du hautbois, est percée de 7 trous sur le devant et d'un trou du côté opposé. Elle a été achetée à Smyrne, et l'on en trouve de semblables en Bulgarie. (*Collection donnée par* **M. V. Schœlcher.**)

575. — Flûte américaine.

Cette flûte primitive, en roseau, est garnie d'une corde finement tressée. (*Don de M. Dorus.*)

576. — Flûte américaine.

Autre flûte en roseau et d'un caractère primitif.

577. — Flûte mexicaine.

Elle est en roseau et percée aussi d'une façon bien rudimentaire. (*Collection donnée par M. V. Schœlcher.*)

578. — Flûte africaine.

Elle n'est percée que de 4 trous, outre celui de l'embouchure. (*Collection donnée par M. V. Schœlcher.*)

579. — Flûte-harpe.

Cet instrument, d'origine africaine, est fait avec le bois d'une canne à sucre. Les nègres s'en servent tout à la fois comme d'une flûte traversière et d'une harpe à 3 cordes. (*Collection donnée par M. V. Schœlcher.*)

580. — Flûte traversière des Chinois.

La tête de cet instrument est en ivoire ; on y a gravé à la pointe des personnages au milieu d'un paysage. Le corps de la flûte est formé d'un roseau d'une espèce particulière, renforcé de distance en distance par des anneaux de fil bien lisse qui sont vernis admirablement.

On remarquera que cette flûte est percée de 16 trous : celui qui est le plus voisin de l'embouchure est destiné à recevoir une pellicule aussi fine que la pelure de nos oignons, qu'on prend à la moelle du bambou et que l'on mouille au moment de la fixer. (*Collection Clapisson.*)

De Guignes reproche à cette grande flûte chinoise d'être un instrument criard. (V. *Voyage à Péking,* t. II, p. 318.)

581. — Flûte chinoise moderne.

Instrument semblable au précédent. (*Collection Clapisson.*)

Les Chinois appellent cet instrument *ty*. La longueur du grand *ty* varie d'un ou deux centimètres ; celui-ci a 0ᵐ69 ; le nᵒ 580 n'en compte que 68, et F.-J. Fétis fixe à 0ᵐ70 la longueur ordinaire du grand *ty* et à 0ᵐ54 celle du petit *ty*.

Le diamètre intérieur n'est point non plus toujours le même, et nous avons constaté dans la perce de ces instruments des variations d'un millimètre, et quelquefois même de deux millimètres. Le diamètre de la partie

voisine de la tête est toujours plus large que celui de la partie inférieure.

582. — Grand ty.

Les deux extrémités de l'instrument sont en ivoire sur lequel on a gravé
à la pointe des personnages et des paysages. (V. pour la tablature du
grand *ty* : Fétis, *Histoire générale de la musique*, t. I, p. 70.)

583. — Ty.

Cette flûte chinoise, à deux embouchures, est en bambou. Le corps de
l'instrument est orné d'inscriptions. (*Collection de M. le D* Fau.*)

584. — Zummarah.

Cette flûte égyptienne est formée de deux roseaux d'égale longueur et
percés chacun de 6 trous. (*Collection donnée par M. V. Schœlcher.*)

585. — Zummarah.

Autre flûte égyptienne, également formée de deux roseaux ajustés l'un
contre l'autre, mais percés chacun de 5 trous seulement. (*Collection donnée
par M. V. Schœlcher.*)

II.

INSTRUMENTS A ANCHE SANS RÉSERVOIR D'AIR.

Le hautbois pastoral a, nous n'en doutons pas, été connu des
anciens Égyptiens. Les instruments recueillis au musée de Leyde
et au *British Museum* nous en fournissent la preuve. Le chalumeau
et le hautbois se retrouvent en Asie, aussi bien qu'au Pérou, et les
types en sont très-variés.

586. — Hautbois cochinchinois.

Cet instrument est percé de 8 trous, dont 7 sont équidistants et placés
sur le devant. Il résonne au moyen d'une anche. (*Don de M*me *Pauline
Viardot.*)

587. — Hautbois cochinchinois.

Il est en tout semblable au précédent, mais de dimensions plus petites.
(*Don de M*me *Pauline Viardot.*)

588. — Zamr (hautbois mauresque).

Il est percé de 7 trous par devant et d'un huitième trou par derrière. (*Collection Clapisson.*)

Cet instrument, très-répandu parmi les Arabes, se retrouve en Perse, où on l'appelle *zourna* ou *zournay*.

III.

INSTRUMENTS A ANCHES AVEC RÉSERVOIR D'AIR.

La cornemuse, que les Romains nommaient *tibia utricularis* (flûte à outre), a-t-elle été connue longtemps avant l'ère chrétienne ? Nous le supposons, car la *sumphonia* des Hébreux devait être, à en juger par le nom, à peu près le même instrument que la *zampogna* des paysans calabrais. Quoi qu'il en soit, il est certain que les musettes avec réservoir d'air résonnent depuis plus de deux mille ans dans l'Inde, et que le *nay ambanah* des Persans, comme la *soukkarah* des Arabes, n'est autre chose qu'une cornemuse ; les instruments de ce genre ne sont pas cependant très-communs hors de l'Europe, et l'on n'en a point trouvé de modèles primitifs en Amérique, lors de la découverte de ce continent.

Le plus ancien des jeux d'orgue à anches libres est certainement le *cheng* des Chinois, instrument ingénieux, fort original et véritable orgue portatif. Quant à l'orgue avec clavier, nous n'osons affirmer que les Hébreux lui aient donné le nom de *magrépha*. Nous savons seulement par Pindare que Pallas inventa une flûte qu'elle appela « l'instrument à plusieurs têtes » et que les sons de cette flûte s'échappaient à travers un mince airain et des roseaux. Avant Ctésibius d'Alexandrie, inventeur de l'*hydraule,* les anciens ont donc eu des orgues; mais en vain chercherait-on des instruments de cette famille parmi les peuples sauvages ou les nations étrangères au système musical des Européens. Au Pérou, cependant, les Incas construisaient une sorte de syrinx tantôt à un rang et tantôt à deux rangs de tuyaux; ils la nommaient *huayra-puhura,* et l'on en peut voir des modèles au *British Museum* et au musée de Berlin. Cet instrument n'a point de clavier et rentre par conséquent dans la catégorie des flûtes de Pan ; seulement, dans la *huayra-puhura* du *British Museum,* il y a un rang de 7 tuyaux ouverts et un autre rang de 7 tuyaux bouchés : cet emploi des tuyaux bouchés, comme dans la construction de l'orgue, ne saurait passer inaperçu.

589. — Cheng.

Cet instrument original, sorte d'orgue portatif, a été inventé fort anciennement par les Chinois. Il est formé de la partie inférieure d'une calebasse, qui sert de réservoir pour le vent et qui est percée de trous dans lesquels on ajuste des tuyaux de bambou, dont le nombre varie suivant l'étendue qu'on veut donner à l'instrument. Ce *cheng* a 17 tuyaux, et il est long de 0m45. On y remarque un trou carré en ivoire, destiné à recevoir le tube par lequel le musicien souffle et fournit le vent nécessaire à la production des sons. C'est à la languette ou anche libre du *cheng* que les Européens sont redevables de l'*orgue expressif.* Le facteur d'orgues Kratzenstein, qui était établi à Saint-Pétersbourg sous Catherine II, passe pour avoir eu, le premier, l'idée de mettre à profit l'invention chinoise, et G.-Jos. Grenié (1756-1837) en fit l'application chez nous en 1810.

590. — Cheng.

Il a 17 tuyaux, comme le précédent; mais la garniture en est plus riche. (*Collection de M. le Dr Fau.*)

591. — Orgue chinois.

Cet orgue, construit en Chine et offert en 1858 au prince impérial par l'empereur du Céleste empire, est remarquable surtout comme travail d'ébénisterie. Il semble imité d'un harmonium de Debain; mais c'est par une manivelle fixée au côté droit de l'instrument et non avec les pieds qu'agit la soufflerie. Les tuyaux sont faits avec des bambous, et par leur disposition ils ressemblent à une vaste syrinx placée sur un sommier.

592. — Khèn (orgue siamois).

Cet instrument national des Laotiens se compose d'un nombre pair de bambous accouplés, dont les nœuds ont été coupés intérieurement, et qui forment comme des tuyaux d'orgue. Le nombre des bambous varie de 10 à 16; la longueur en est nécessairement inégale et on les attache les uns aux autres au moyen d'un bambou plus gros, que les tuyaux traversent perpendiculairement. C'est en bouchant les trous dont chaque tuyau est percé qu'on fait sortir les sons, et il faut un souffle puissant pour bien remplir cet instrument. On est obligé de le tenir incliné, à cause de sa dimension, qui atteint jusqu'à 4 mètres de hauteur. Les plus petits khèns, à l'usage des enfants, ont un mètre de long. (*Don de M. Édouard Batiste.*)

IV.

INSTRUMENTS A VENT AVEC OU SANS EMBOUCHURE MOBILE.

Les cors et les trompettes, instruments connus dès la plus haute antiquité, sont d'un usage universel : ils existent à l'état rudimentaire chez les sauvages, et l'on en trouve des modèles variés et d'une exécution fort satisfaisante en Asie, surtout dans l'Inde et dans l'empire birman.

Le musée du Conservatoire ne possède encore aucun type de cette classe d'instruments, si bien représentée au musée de Kensington et au musée indien, à Londres ; mais on y voit un schofar ancien. Bien que dépourvus d'une embouchure mobile ou fixe, nous classons les cornes d'appel d'origine asiatique à la suite des trompes et des cors de chasse et nous les faisons, en conséquence, figurer au nombre des instruments à vent qu'il faut ranger ici.

593. — Schofar.

Ce cornet ancien, fait d'une corne de bélier, est enrichi d'ornements finement sculptés et couvert d'inscriptions hébraïques. (*Collection Clapisson.*)

Le schofar, dont la Bible révèle l'origine fort reculée, est le seul instrument de l'antiquité qui se soit conservé dans le culte mosaïque. Il retentit encore dans la synagogue, le jour du grand Pardon, pour annoncer la fin du jeûne. L'embouchure en est fort difficile.

Il existait une autre espèce de schofar qu'on appelait *kéren* (corne) ; mais on ignore en quoi cet instrument différait du schofar ordinaire. Comme le mot *kéren,* dans les textes hébraïques, est presque toujours suivi de cet autre, *jobel,* il est à supposer qu'on l'employait seulement pour annoncer le *jubilé.*

594. — Oliphant indien.

Il est en ivoire teinté, et l'embouchure se trouve sur le côté de cette corne d'appel. (*Collection Clapisson.*)

595. — Oliphant.

Il est de la même couleur rougeâtre et de la même dimension que l'instrument précédent.

596. — Oliphant indien.

Il est en ivoire gravé, jauni par le temps, mais non teinté. (*Collection Clapisson.*)

597. — Oliphant en ivoire.

Il est de grande dimension et de date ancienne. (*Collection Clapisson.*)

SECTION III.

Instruments à percussion des pays non européens.

Dans les pays sauvages de toutes les parties du monde, on rhythme une danse, une marche guerrière ou une cérémonie religieuse au son des instruments à percussion. Les tambours ont surtout le privilége de parler à l'imagination enfantine des peuples non civilisés, et dans l'Océanie, comme dans l'Afrique centrale, on en trouve une grande variété. En Asie, les instruments à percussion métalliques jouissent d'une faveur extrême, et les cymbales, les crotales, les clochettes, les gongs sont d'un fréquent usage. L'Inde semble avoir donné naissance aux instruments à lames sonores de bois ou de métal; cependant il existe aussi en Afrique des harmonicas à lames de bois sonore, et l'un des problèmes les plus importants de l'histoire de la musique sera résolu le jour où l'on rapportera d'une région encore inexplorée du continent africain un *balafo* primitif : si cet instrument était accordé diatoniquement, comme ceux qui nous viennent du Sénégal, n'en pourrait-on pas conclure qu'il existe une gamme primitive d'où sont dérivées toutes les tonalités connues et pratiquées depuis la plus haute antiquité jusqu'à nos jours? Par ce seul exemple, il est aisé de juger des services que les voyageurs musiciens sont appelés à rendre : la musique instrumentale, étudiée au point de vue ethnographique, est une science qui commence à peine; mais, grâce aux développements du commerce et aux progrès de la navigation, elle ne tardera pas à provoquer les plus savantes recherches et à nous enrichir d'une grande quantité de faits curieux et nouveaux.

598. — Daraboukah.

Le corps de ce tambour égyptien est en terre cuite et ressemble à un vase à goulot. Le musicien passe le col de cette sorte d'entonnoir sous le bras gauche et de la main droite il frappe sur la peau du tambour. Cet instrument, vendu pour ancien, a été acheté au Caire. (*Collection donnée par M. V. Schœlcher.*)

599. — Petit daraboukah.

Simple jouet d'enfant. (*Collection donnée par M. V. Schœlcher.*)

600. — Daraboukkeh.

La partie cylindrique de ce tambour arabe est ornée de peintures et d'inscriptions. (*Collection donnée par M. V. Schœlcher.*)

601. — Derbouka.

Autre tambour arabe, mais plus petit. Il est moderne, comme le précédent. (*Collection donnée par M. V. Schœlcher.*)

602. — Tambour yolof.

Vu par le travers et orné de sa garniture de corde végétale, ce tambour ressemble à une cage d'écureuil. Il a été acheté au Sénégal. (*Collection donnée par M. V. Schœlcher.*)

Ce genre de tambour est fort répandu parmi les Ghiolofs ou Yolofs qui occupent le centre de la Sénégambie.

603. — Tambour des Mandingues.

Il est d'une forme assez élégante. La caisse très-allongée de cet instrument ancien porte des dessins gravés. Ce pittoresque tambour a été offert à M. V. Schœlcher par le roi de Bar, en échange des présents que ce chef avait reçus du voyageur français. (*Collection donnée par M. V. Schœlcher.*)

604. — Tambour des Karaïbes de la Guyane.

La caisse en est très-basse de forme. Cet instrument offre un beau type du tambour dont se servent les noirs de la Guyane anglaise pour accompagner leurs danses. Il a été acheté dans l'intérieur de ce pays. (*Collection donnée par M. V. Schœlcher.*)

605. — Grand tambour kanak.

Il a 1 mètre 70 de hauteur, est posé sur un pied percé à jour et couvert d'une peau de tapir. Cet instrument a naguère appartenu à la reine Pomaré. Il a été rapporté en France par le célèbre capitaine de vaisseau A.-Jos. Bruat, qui fut nommé en 1843 gouverneur des îles Marquises, et qui mourut amiral en 1855, après s'être distingué pendant la guerre de Crimée.

9

606. — Tchang-kou.

Ce tambourin japonais en laque a la forme d'un sablier. Au moyen d un bâton transversal, on augmente ou diminue le degré de tension de la peau. Les Chinois ont un instrument tout à fait semblable à celui-ci. (*Collection de M. le D*ʳ *Fau.*)

607. — Tambourin mauresque.

La peau est tendue sur un cercle en bois, à la façon du tambour de basque.

608. — Petites cymbales égyptiennes.

Les bayadères se servent habilement de ces petites cymbales et en obtiennent des effets piquants. (*Collection donnée par M. V. Schœlcher.*)

609. — Petites cymbales.

Elles sont d'origine chinoise. (*Don de M*ᵐᵉ *Pauline Viardot.*)

610. — Tam-tam ou Gong chinois.

Il a 65 centimètres de diamètre et est d'excellente qualité. Le son étrange et lugubre de cet instrument est dû à la combinaison des divers métaux qu'on emploie pour le fabriquer et surtout à la trempe de cet alliage. (*Collection Clapisson.*)

611. — Tam-tam (petit modèle de).

612. — Tam-tam (petit modèle de).

613. — Ceinture indienne à cliquettes en cuivre.

Instrument de musique et objet de curiosité tout à la fois. (*Collection Clapisson.*)

614. — Cliquettes des côtes de la Guinée.

Elles sont renfermées dans une carapace de tortue.

615. — Quiaquia.

Cette grande crécelle est formée d'une carapace de tortue dans laquelle on a mis des cailloux. (*Collection de M. le D*ʳ *Fau.*)

616. — Quiaquia.

Il est en paille finement tressée. (*Collection donnée par M. V. Schœlcher.*

617. — Quiaquia d'Haïti.

Il est en fer-blanc peint et ressemble tout à fait à un jouet d'enfant. (*Collection donnée par M. V. Schœlcher.*)

618. — Quiaquia de Saint-Domingue.

Le corps de ce jouet caraïbe est sculpté grossièrement. (*Collection donnée par M. V. Schœlcher.*)

619. — Grelots.

Les Indiens d'Amérique se servent de ces graines pour en faire des grelots ou un *quiaquia*.

620. — Grelots.

En tout semblables au précédent numéro.

621. — Grelots des nègres de la Guyane.

Collection donnée par M. V. Schœlcher.

622. — Pata d'Haïti.

On se sert de cet instrument en bois comme de crotales, le jour des ténèbres. (*Collection donnée par M. V. Schœlcher.*)

623. — Zanze du Congo.

Cet instrument primitif et singulier se compose de vingt étroites lames de fer posées au-dessus d'une boîte creuse et formant table d'harmonie. C'est par la pression des doigts que vibrent ces tiges de métal, disposées de façon à présenter une échelle de sons diatoniques. (*Collection donnée par M. V. Schœlcher.*)

624. — Zanze.

Cet instrument a été acheté à un Africain libéré qui s'était établi à Sainte-Marie Bathurst. Il n'a que six lames en jonc, mais ces six notes suffisent aux musiciens nègres pour obtenir des effets doux et plaisants. (*Collection donnée par M. V. Schœlcher.*)

625. — Échelettes.

Elles se composent de seize lames de bois, et sont munies de leurs baguettes à boules d'ivoire. (*Don de M. le baron H. Larrey.*)

626. — Échelettes.

Elles ont 21 lames et sont d'un grand modèle. (*Collection de M. le Dr Fau.*)

627. — Paire d'échelettes.

Modèle ordinaire de cet instrument d'origine asiatique. (*Collection Clapisson.*)

628. — Balafo du Sénégal.

Il est formé de lames de bois sonore, placées sur des montants en bambou : des calebasses creuses correspondant à chaque lame de bois augmentent le volume des vibrations de cette sorte d'harmonica. L'étendue de cet instrument varie selon les lieux et selon le caprice de ceux qui le fabriquent : celui-ci a deux octaves et demie. (*Don de M. P. Prins.*)

629. — Pierre sonore.

Cette pierre sonore, que les Chinois appellent *yu*, donne le *mi* ♮. Elle a la forme d'un poisson et l'ornementation en est remarquable. (*Collection Clapisson.*)

Les Chinois composent, avec les pierres sonores, des séries de tons conformes à leur système musical. Ils donnent à cet instrument, du genre des harmonicas, le nom de *king*. Le marteau avec lequel on frappe les pierres taillées et rangées symétriquement est tantôt en métal et tantôt en bois.

SECTION IV.

Acoustique. — Instruments de musique singuliers.

Le musée du Conservatoire est de date encore trop récente pour contenir beaucoup de pièces exotiques rentrant dans la catégorie des objets de curiosité. Nous nous contentons de rappeler ici que la harpe éolienne est connue d'un assez grand nombre de peuples sauvages, et nous signalons aux musiciens l'instrument singulier que les Malais nomment *angklang*. Il forme un pittoresque échafaudage de bambous creux : quand on agite ces tuyaux, ils rendent des sons très-intenses en se heurtant contre les parois de la rainure dans laquelle ils se meuvent. Le musée de Lille possède un beau spécimen de cet instrument bizarre et encore fort peu connu en Europe.

630. — Harpe éolienne de la Guyane.

Ce sont les fibres mêmes du bois qui servent de cordes vibrantes. (*Collection donnée par M. V. Schœlcher.*)

INDEX BIBLIOGRAPHIQUE.

―――――

AGRICOLA (Martin). *Musica instrumentalis.* Wittemberg, 1529, petit in-8º.

AMIOT. *Mémoire sur la musique des Chinois.* Paris, 1779, in-4º.

ANONYME. *Raccolta di Antichi Strumenti armonici conservati nel Liceo musicale del commune di Bologna,* in-fol. (Texte descriptif et photographies).

ARBEAU (Thoinot). *Orchésographie.* Langres, 1589.

BACCHINI. *De Sistris, eorumque figuris.* Utrecht, 1696.

BARTHOLINI (Gaspard). *De Tibiis veterum.* Roma, 1677, in-12.

BEDOS DE CELLES. *L'Art du facteur d'orgues.* Paris, 1766-1778, 3 vol. in-fol.

BLANCHINI (Franc.). *De tribus generibus Instrumentorum.* Roma, 1742, in-4º.

BONANNI (Filippo). *Gabinetto armonico pieno d'istromenti sonori.* Roma, 1722, in-4º.
— *Description des instruments harmoniques.* Édition revue et augmentée par l'abbé H. Ceruti. Rome, 1776, in-4º.

BRETAGNE (F.-P. de). *Tractatus de excellentia musicæ antiquæ Hebræorum e eorum instrumentis.* Paris, 1707, in-12.

BURNEY (Dr Ch.). *A general History of music.* London, 1776, 4 vol. in-4º.

CHAUSSE (M. A. de la). *Museum romanum.* Roma, 1660, in-fol.

CHRISTIANOWITSCH (Alex.). *Esquisse historique de la musique arabe aux temps anciens, avec dessins d'instruments.* Cologne, 1863, in-fol.

COUSSEMAKER. (E. de). *Essai sur les instruments de musique au moyen âge.* (V. les *Annales archéologiques* de Didron, t. III, IV, V, VII et IX.)

DIDEROT ET D'ALEMBERT. *Encyclopédie.* Paris, 1751-80, 35 vol. in-fol. Un volume de planches de lutherie.

ENGEL (Carl.). *A descriptive Catalogue of the musical instruments in the South Kensington museum.* London, 1870, in-8º.
    La seconde édition, très-luxueuse et considérablement augmentée, a paru en 1874.

FÉTIS. *Histoire générale de la musique.* Paris, 1869-1874.

   Quatre volumes de cet ouvrage capital ont paru; le cinquième et dernier sera publié prochainement.

FORKEL. *Allgemeine geschichte der Musik.* Leipzig, 1788-1801, 2 vol. in-4°.

GERBERT. *De Cantu et Musicâ sacrâ.* San-Blasianis, 1774, 2 vol. in-4°.

HAWKINS. *A general History of the science and practice of music.* London, 1776, 5 vol. in-4°.

HOPKINS (Edw.). *The Organ, its history and construction.* London, 1855, in-8°.

JONES (sir W.). *On musical modes of the Hindus.* (V. t. VI de ses Œuvres et *Asiatic Researches,* t. III.)

   Dalberg a traduit cet essai en allemand sous ce titre : *Ueber die Music der Indier.* Erfurt, 1802, in-8° (29 planches).

JONES (Edm.). *Musical and poetical relicks of the Welsh bards.* London, 1786, in-4°.

KASTNER (Geo.). *La Harpe d'Éole.* Paris, 1856, in-4°.
— *Les Danses des morts.* Paris, 1852, in-4°.
— *Les Sirènes.* Paris, 1858, in-4°.
— *Manuel général de musique militaire.* Paris, 1848, in-4°.

KAZAUER. *De tuba stentorea.* Altorf, 1713, in-4°.

KIRCHER. *Musurgia universalis.* Roma, 1650, in-fol.
— *Phonurgia nova.* Kemptem, 1673, in-fol.

LA BORDE (B. de). *Essai sur la musique ancienne et moderne.* Paris, 1780, 4 vol. in-4° (figures et dénominations souvent inexactes).

LA FAGE (Adrien de). *Histoire générale de la musique et de la danse.* Paris, 1844, 2 vol. in-8° avec atlas (les seuls qui aient paru).

LAMPE (Fréd.-Adolphe). *De Cymbalis veterum.* Utrecht, 1703, in-12.

LUSCINIUS. *Musurgia.* Strasbourg, 1536, in-4° oblong.

MAGIUS. *De Tintinnabulis.* Hanovre, 1608, in-12.

MARPURG. *Kritische Einleitung in die Geschichte und Lehrsätze der alten und neuen Musik.* Berlin, 1759, in-4°.

MERSENNE (Marin). *Harmonicorum libri XII.* Paris, 1636, in-fol.
— *L'Harmonie universelle.* Paris, 1627 et 1636, 2 vol in-fol.

MONTFAUCON (Bernard de). *L'Antiquité expliquée et représentée en figures.* Paris, 1719-24, 15 vol. in-fol.

   Le troisième volume et le supplément renferment les figures de beaucoup d'instruments anciens; mais on comprend que l'exactitude en pareille matière ne saurait être rigoureuse.

PFLEGER. *Visio jovialis.* Slesvig, 1666, in-4°.

PONTÉCOULANT (A. de). *Organographie.* Paris, 1861, 2 vol. in-8°.

PRÆTORIUS. *Syntagma musicum.* Wolfenbuttel et Wittemberg, 1614-1619.

   Les 42 planches, gravées sur bois, ont été publiées en 1620 et complètent le deuxième volume.

SONNERAT. *Voyage aux Indes orientales et à la Chine.* Paris, 1782, 2 vol. in-4° et avec additions de Sonnini, 1806, 4 vol. in-8°.

TIL (Salomon von). *Dicht-Sing und Spielkunst.* Leipzig, 1706, in-4°.

VILLOTEAU. *Dissertation sur les diverses espèces d'instruments de musique que l'on remarque parmi les sculptures qui décorent les antiques monuments de l'Égypte.*
— *Description historique, technique et littéraire des instruments de musique des Orientaux.*

> Ces deux essais font partie du grand ouvrage intitulé : *Description de l'Égypte,* publié par ordre du gouvernement français. Paris, 1809 et suiv., 9 vol. in-fol., et Paris, 1821-29, 24 vol. in-8°.

VIRDUNG. *Musica getutscht und ausgezogen, etc.* Bâle, 1511, petit in-4° oblong.
> Luscinius a mis à profit les figures de cet ouvrage.

WELCKER VON GONTERSHAUSEN. *Neu eröffnetes Magazin musikalischer Tonwerkzeuge.* Franckfurt, 1855, in-8° (160 figures).

TABLE DES MATIÈRES.

10

www.ingramcontent.com/pod-product-compliance
Lightning Source LLC
Chambersburg PA
CBHW060803110426
42739CB00032BA/2595